OBFUSCATION
A User's Guide for Privacy and Protest

混淆

个人隐私自我保护手册

〔美〕芬恩·布伦顿（Finn Brunton）　〔美〕海伦·尼森鲍姆（Helen Nissenbaum）/ 著
赵精武　林北征 / 译

北京大学出版社
PEKING UNIVERSITY PRESS

我们打算用这本书开启一场"时代变革"

译者序

我与北征法官决定共同翻译本书,是在 2023 年 2 月的一个深夜。当时,我们正在讨论"场景一致性理论"(theory of context integrity)如何判定个人信息匿名化。而场景一致性理论,正是本书作者之一——尼森鲍姆教授的成名学说。随着讨论的深入,我们开始阅读尼森鲍姆教授的其他著述,并"毅然决然"地选择了最"轻薄"的一本开始了翻译工作。这么做主要是考虑到本书的行文结构很简洁,只有两个部分,总体篇幅不大,可以让我们在各自繁忙的日常工作中灵活地完成翻译和校核。本书通过大量的案例塑造出一个个独立而又连贯的"场景",用于论证"混淆"为什么是公民保护自身隐私和个人信息权益的有效方法。更重要的是,本书从"用户自处理"的视角,为个人信息保护法律的适用拓展了一个全新的问题领域,希望可以为各位读者朋友带来更多学术启发。此外,在翻译的过程中,我们也一直在思考一个有趣的问题：在 AI 大模型横空出世的今天，我们为什么还要坚持翻译？对此，本序也尝试作一些回答。

一、省流：这本书在讲什么？

作者芬恩·布伦顿和海伦·尼森鲍姆将"混淆"（Obfuscation）定义为故意添加含糊、混乱或具有误导性的信息以干扰监视和数据收集的策略，其核心在于通过大幅度提升识别的成本来增加数据处理者提取有价值信息的难度。

本书立足于数字监控和数据收集日益增长的背景，首先介绍了混淆的核心案例和概念，这些案例不仅展示了混淆在计算机技术、政治和生物学等领域的运用，还强调了混淆在对抗监视和数据收集方面的必要性。作者试图通过对案例的具体展示，让读者更好地理解混淆的原理和应用场景。也正是通过分析这些具体案例，作者展示了混淆在实际应用中的有效性，证明了其作为保护隐私和促进社会变革工具的正当性和必要性。我们可以根据混淆的客体将这些案例大致分为以下三类：

第一类是混淆身份。这种方法旨在通过创造混淆性和多样性来保护个人隐私。在群体身份策略中，多人共同使用一个名字的典型案例如"我是斯巴达克斯"的场景。通过这种方式，个体隐匿在集体中，识别难度也增加了；在相同同伴和物体策略中，通过让多人穿戴相同的服装或使用相同的物品迷惑观察者，使其无法准确识别每个个体；在交换 SIM 卡策略中，通过随机重新分配 SIM 卡，使追踪者难以确定每个设备的实际用户，从而有效保护用户隐私。这些策略共同发挥作用，通过多重身份和集体行为实现了对个人身份的混淆和保护。

第二类是混淆位置和活动。这种方法主要通过制造虚假路径和冗余信息来掩盖真实的动向和活动。第二次世界大战期间的金属箔条策略通过在空中撒下金属箔条，制造多个虚假"飞机"信号，扰乱雷达探测，成功掩盖了实际目标。"隐身斗篷"（CacheCloak）利用生成多个潜在路径来混淆用户的实际位置，使追踪者难以确定用户的真实位置，从而保护隐私。上传至泄密网站的策略则是通过上传大量无关信息，掩盖重要文件的踪迹，使文件贡献者的身份得到保护。此外，过度文档化策略通过制造大量冗余的、超出对手分析能力的文件和细节，使情报生成速度减缓，增加分析难度，有效地混淆了实际位置和活动。

第三类是混淆通信和数据。这种方法通过制造噪声和虚假信息来干扰监控和数据分析。书中提到，推特机器人在社交媒体上发布大量噪声信息，特别是在领导人选举引发群众抗议时期，通过制造大量虚假信息，使得实际有用的信息难以辨认，从而保护政治活动家的安全。"混淆搜索"（TrackMeNot）工具通过生成虚假搜索查询，掩盖用户的真实搜索行为，防止个人被精准剖析。虚假信号策略则在训练有素的观察者面前制造与真实信号相似的虚假信号，迷惑观察者，使其难以区分真实和虚假信息。

依托上述丰富的案例，作者在书中进一步探讨了为什么需要混淆，特别是对信息不对称和隐私侵犯的现实情况进行了深入分析，进而引发对混淆的伦理与政治问题的讨论。在现代社会，数据收集和监控往往由政府和大型科技公司等拥有大量资源和先进技术的强势机构实施。这些机构能够通过复杂的技术手段大规模地收集、分析和利用个人信息，而普通个体则缺乏相应的技术手段来保护自己的隐私。这种权力不对称使个体在面对数据收集时处于劣势，无法有效对抗强大的数据收集者。由此展开，混淆不仅是一种技术手段，更是一种策略。在面对数据收集和监控的挑战时，它能够帮助个体在权力不对称的情况下保护自己的隐私和权利。混淆体现了对公正的追求，它通过制造虚假或误导性信息，增加了数据分析的难度和成本，使数据收集者无法轻易提取有价值的信息，从而平衡权力不对称问题。在本书最后，作者评估了混淆的有效性，探讨了它在不同场景下的实用性和局限性，并指出如何根据目标和资源选择适当的混淆策略。例如，某些混淆在短期内有效，但长期来看，尚需更复杂的方法和多方合作才能发挥作用。

二、自我保护的意义：我们为什么需要混淆？

在书中，作者布伦顿和尼森鲍论证了混淆的必要性。在现代社会，个人经常处于信息不对称的劣势地位。政府和大型科技公司拥有先进的数据收集和分析工具，个人无法有效地避免这些监控。对于那些没有技术资源或社会影响力的群体，混淆提供了一种实用的解决方案，这使他们能够通过增加数据分析的难度来保护自己的隐私。通过分析信息不对称的现实和具体案例，作者有力地论证了混淆作为一种工具，如何为那些无法退出监控的人提供减轻影响的方法。

作者熟练地运用政治经济学知识，对信息不对称和数据收集中的权力样态进行了深入分析。他们认为，在现代社会，个人的数据常常在他们不知情的情况下被收集、分析和使用。依据本书的描述，在使用社交媒体、在线服务或政府要求等情况下，个人无法选择不暴露他们的数据。加之社会中普遍存在的对科技的依赖和信任，使个体更容易忽视数据收集带来的"隐私悖论"等反直觉的隐私问题，[①] 这导致大量个人信息在网络上被收集、共享、出售，进而导致隐私被泄露和滥用。大型科技公司和政府机构通常拥有先进的数据收集和分析技术，这些技术使他们能够大规模地收集和处理个人信息。这创造了明显的信息不对称，让数据收集者进一步掌握更多的信息和资源，进而获取商业利益，建立战略优势。这些被收集的数据可以被企业用于精准营销以提高产品销售额，也可以被用于社会治理和安全监控，或决定一个人能否获得

---

① See Francesco Massara, Francesco Raggiotto and W. Gregory Voss, Unpacking the privacy paradox of consumers: A Psychological Perspective, Psychology Marketing 38 (2021), 1814-1827.

贷款、保险或者工作机会。在此前提下，数据收集者对数据的天然依赖会加剧信息不对称，并且在经济和战略上具有更强的获取和利用个人信息的动机。作者认为，尽管保护个体隐私和个人信息的法律和政策并不少，但这些规范性资源往往无法及时跟踪技术和商业的发展，使个体在数据保护方面更加脆弱，这让部分数据收集者有了铤而走险的动机，利用法律漏洞规避监管或在法律的灰色地带操作，让"平凡的个体"难以对抗强大的数据收集者。因此，技术优势上的差距、数据经济的驱动、法律和政策的不完备以及社会和文化因素，共同造成个体与数据收集者之间的信息不对称，推动数据收集中的权力偏向一方进行动态积累。普通个体在面对这些复杂技术时处于劣势，更加难以有效保护自己的隐私。个体如何有效地应对这些挑战，成为迫在眉睫的问题。

面对这种无法退出的监控体系，个体需要找到保护自己的方法。个体和群体可以在信息不对称、数据滥用风险和缺乏资源的情况下，通过混淆主动抗衡数据被暴露和滥用的风险，以便更好地保护自己的隐私和数据安全。特别是，混淆更适用于那些无法使用高级隐私保护工具的人。这类人通常缺乏资源和技术手段来有效保护自己的隐私，而混淆提供了一种可行的便捷方案。混淆作为一种合理的自我保护手段，在抵制不对称数据收集体系的同时，又不至于忽略自我和他人的道德责任。在无法完全退出监控的情况下，混淆通过增加虚假信息,干扰数据收集者的分析,使个体能够在一定程度上保护自己的隐私和安全。当然,混淆不仅仅是保护个人隐私的工具,也是集体抗议和社会变革的一种手段。这种集体行为不仅能够保护个体隐私,还能够促进社会变革,推动建设更加公平和透明的社会环境。虽然不乏对混淆的批评,即认为混淆是不透明和不诚实的行为,但作者认为,在一个不公平和不对称的监控体系中,完全的透明反而会导致更大的伤害和不公正,因为完全透明的数据收集会被滥用,这会直接导致隐私被泄露和不公平的待遇。所以,混淆作为一种防御手段,通过增加数据分析的复杂性和成本,能够在一定程度上恢复上述信息、权力的平衡,并且在防止数据被滥用的同时,还能够恢复和提升公众对数据收集和使用的信任。

三、法律的扩展考量:混淆与个人信息匿名化

在译者序的开头提到,本书的翻译始于我们对个人信息匿名化的延伸讨论。个人信息匿名化(以下简称"匿名化")是指"个人信息经过处理无法识别特定自然人且不能复原的过程"[①]。匿名化具有特别的立法功能,可在规范信息处理活动、保护信息主体权益的前提下,促进对个人信息的合理使用,提升数据要素的生产与利用效率。我国《个人信息保护法》第 4 条、《网络安全法》第 42 条、《民法典》第

---

① 《中华人民共和国个人信息保护法》第 73 条第 4 项。

1038条均对匿名化作出特别规定，相关国家政策也对匿名化高度重视。2023年12月，《"数据要素×"三年行动计划（2024—2026年）》强调，要以推动数据要素高水平应用为主线，带动数据要素高质量供给、合规高效流通，为推动高质量发展、推进中国式现代化提供有力支撑。[①] 2022年12月，《中共中央 国务院关于构建数据基础制度更好发挥数据要素作用的意见》明确提出，数据流通交易要以隐私保护为前提，"推动个人信息匿名化处理，保障使用个人信息数据时的信息安全和个人隐私"[②]。个人信息匿名化作为一项重要的数据要素法律制度，与混淆有紧密的关系。

从技术维度来看，混淆和匿名化作为保护个人隐私的技术，各自有一套独特的方法和要面临的挑战。这些技术主要是为了增加在不同数据环境中解读个人信息的难度或是实现信息的不可识别化。匿名化通常涉及彻底去除或修改可以直接识别个人身份的数据。例如，通过删除或广泛地泛化个人标识信息（如姓名和地址），或通过技术手段如聚合数据、"k-匿名化"（k-anonymity）等技术，确保个人信息无法被

---

① 参见《十七部门关于印发〈"数据要素×"三年行动计划（2024—2026年）〉》的通知，载中央网络安全和信息化委员会办公室，https://www.cac.gov.cn/2024-01/05/c_1706119078060945.htm，最后访问时间：2024年6月25日。

② 《中共中央 国务院关于构建数据基础制度更好发挥数据要素作用的意见》，载中华人民共和国中央人民政府，https://www.gov.cn/zhengce/2022-12/19/content_5732695.htm?eqid=fa4ca900000012d100000004647899c9，最后访问时间：2024年6月25日。

识别。① 这些方法虽然可以有效减少个人信息被滥用的风险，但会导致数据失去一部分原有的价值，因为一些有助于深入分析的详细信息会被去除。② 而混淆则通过添加噪声或更改数据中的部分信息来增加数据解读的难度。例如，通过随机调整数据中的某些值或在数据集中加入额外的无关信息，从而使得原始数据和添加的噪声难以被区分。混淆可以在不完全删除信息的情况下，提高数据的隐私保护水平，但同样影响数据的准确性和可用性。相较于混淆，匿名化通常需要精确的技术和对数据特征的深入了解，确保所有潜在的识别信息都被有效处理。而混淆的实施则相对灵活，可以根据需要调整添加的噪声的量和类型，但这也要求对数据如何被处理和解析有深入的理解。③ 不过，有些匿名化技术也采用了生成虚假信息的方法。例如，合成数据是一种通过算法生成的、与实际事件无关的虚假数据，它能够在不牺牲数据的质量和实用性的情况下，满足隐私保护的要求。合成数据技术利用机器学习模型学习原始数

---

① See Graham Thompson, Anonymization vs Pseudonymization: The Key Differences, Privacy Dynamics (2 February 2024), https://www.privacydynamics.io/post/anonymization-vs-pseudonymization-the-key-differences/.
② See Data anonymization: Anonymization vs Pseudonymization, EPFL (28 June 2024), https://www.epfl.ch/campus/services/data-protection/in-practice/privacy-in-research/data-anonymization/.
③ See Graham Thompson, Anonymization vs Pseudonymization: The Key Differences, Privacy Dynamics (2 February 2024), https://www.privacydynamics.io/post/anonymization-vs-pseudonymization-the-key-differences/.

据的模式和统计属性,然后生成新的完全虚构的数据集。这些数据集保留了原始数据的统计特征,但不包含任何真实的个人信息,从而在保护隐私的同时保持数据的实用性。

从功能维度来看,混淆和匿名化都是现代数据保护实践中用来保护个人隐私的技术。它们的主要目标是使外部分析者难以利用其收集的数据来识别个体。尽管这两种技术的方法不同(混淆通过在数据中添加虚假信息来增加分析的复杂性,匿名化则通过删除或改变可以直接用于识别个体的信息来减少数据的个人特征),但它们的核心目的是一样的,即保障个人信息不被滥用,同时尽可能保持数据集的实用性不受影响。在应用这些技术时,都会遇到需要在增强隐私保护和保持数据集的实用性之间寻找平衡的挑战。例如,混淆会导致数据集中含有大量无关信息,这些信息如果处理不当,会影响数据分析的准确性,比如在消费行为分析中会因为混淆数据而无法准确预测消费趋势。相似地,过度的匿名化处理移除了数据中的重要特征,降低了数据的分析价值,比如在健康数据分析中,去除过多的患者背景信息会影响疾病模式的识别。因此,在设计这些隐私保护措施时,要精确控制混淆的比例和匿名化的深度,确保在保护隐私的同时,数据仍能为合法的数据分析提供价值。

《个人信息保护法》颁布前后,学界曾就匿名化制度的理论基础和具体内容掀起一阵讨论热潮,但是伴随着个人信息保护相关配套制度的出台，相关探讨反而有所衰减。这并非因为后续的配套制度已经基本解决了数据安全和数据利用的平衡问题，而是因为学界所达成的共识以及难以调和的分歧使得对匿名化制度的相关研究陷入瓶颈。① 对匿名化的惯常讨论几乎是站在个人信息处理者自行匿名化的视角，对于匿名化的程度、所采用的技术的可靠性，以及更重要的——信息主体对匿名化处理的信任，都缺少必要的知悉渠道。

本书从信息主体的角度给匿名化提供了新的思考视角——"用户自处理"，即从信息主体自身开始就"混淆"，让处理者收集到已经被混淆的信息，从而提升对信息主体自身的保护。混淆的核心在于，通过制造大量相似或相关的信号，使数据集合变得更加模糊、混乱，难以被利用和分析，从而降低其价值。混淆在个人无法拒绝或否认观察的情况下，通过制造多个似是而非的信号，使需要隐藏的信息掩藏于其中。混淆的目的是通过增加分析难度，减缓监控系统的效率，并保护个人隐私。这一策略不仅适用于个人和群体，也在技术、法律和社会政策等多个领域发挥作用，成为保护隐私和对抗数据收集的一种有效工具。相较于目前主流的以"处理主体处理"为中心的个人信息保护法研究视角，"用户自处理"的视角会让用户从"小透明"跻身处理行为者的行列。

---

① 参见赵精武：《个人信息匿名化的理论基础与制度建构》，《中外法学》2024 年第 2 期。

通过混淆的方式影响数据的质量和效用，无疑会在个人信息权益保护、数据要素效用与成本、企业数据竞争力等学术议题上，带来完全不同的讨论进路和分析框架。值得期待的是，混淆和匿名化在综合数据保护策略中扮演着重要角色，二者提供了一系列工具和方法，使组织和个人能根据具体的需求选择合适的隐私保护措施。通过综合使用混淆、匿名化以及其他技术（比如加密和访问控制），可以构建一个多层次的数据保护体系，以适应不断变化的技术和威胁。

四、未尽的问题：AI 时代语境下的混淆

如果混淆遇见 AI 会发生什么？一个肯定的答案是，AI 与混淆的结合可以显著增强隐私保护的效果。通过机器学习和自然语言处理技术，AI 可以识别和预测数据收集者的分析模式，从而生成有针对性的混淆数据，使混淆更加高效和难以被破解，从而进一步增强隐私保护效果。除混淆数据外，AI 还可以实时监控数据收集环境，根据监控结果自动调整混淆，并将混淆应用到更多复杂和多样的场景中。例如，在面对新的数据分析方法时，AI 可以快速生成新的混淆模式，生成虚假的用户行为数据来保护用户在社交媒体上的隐私，或者通过生成虚拟路径来防止用户的地理位置被追踪。然而，这也带来了新的伦理和法律挑战，需要在技术发展和应用的过程中加以慎重考虑和应对。

一是 AI 虚假信息问题。在 AI 大模型快速发展的背景下，

AI 生成虚假信息的问题尤其严峻，特别是在应用深度伪造技术的情况下，这一挑战变得更加复杂和重要。《互联网信息服务深度合成管理规定》搭建了针对深度伪造技术的制度框架，要求深度合成服务的提供者建立健全的辟谣机制和用户申诉渠道，确保及时应对虚假信息的传播，并向相关监管部门报告。深度伪造技术可以生成高度逼真的虚假图像、视频和音频，并被广泛应用于娱乐、教育和商业领域。在电影行业，深度伪造技术被用来复活已故演员，使他们在新的影片中"出演"角色。例如，在 2016 年的电影《星球大战外传：侠盗一号》中彼得·库欣复活的场景。① 同样地，在电影《速度与激情7》中，电影制作团队使用了视觉特效技术来完成保罗·沃克（Paul Walker）未能参与拍摄的部分。由于沃克在拍摄过程中意外去世，电影制作团队通过使用他的两位兄弟作为替身演员，并结合计算机生成图像（CGI）的方式在电影中复现沃克的表演。这项技术允许电影制作团队在尊重已故演员的同时，完成电影的制作。这一过程使用了 350 个 CGI 镜头，并涉及大量的技术细节和创新，以确保人物形象与已故演员尽可能相似。② 然而，更令人

---

① See Star Wars Rogue One: Watch how Peter Cushing's Grand Moff Tarkin wascreated, Express (5 lanuary 2017), https: //www. express. co. uk/entertainment/films/750576/Star-Wars-Rogue-One-Peter-Cushing-Grand-Moff-Tarkin-PrincessLeia-Carrie-Fisher-Guy-Henry.
② See Furious 7: Which Shots of Paul Walker Were CGI?, Overmental, accessed June 30, 2024, https://overmental.com/content/furious-7-which-shots-of-paul-walker-were-cgi-41530.

感到惊讶的是，深度伪造技术已被用于对政治领导人的虚假宣传和散布不实信息。一个著名的例子是，今日俄罗斯电视台通过使用深度伪造技术制作视频来模仿各国领导人讨论如何对俄罗斯进行制裁的场景，视频中伪造的场景包括美国总统拜登在桌子上打瞌睡和法国总统马克龙用头撞柜子。① 更有甚者，利用深度伪造技术，模仿公众人物的声音和面部表情，发布虚假信息，影响公众对某些热点事件的看法。比如，通过深度伪造技术得到的一个模仿美国总统拜登声音的音频被用于自动电话呼叫，目的是劝阻美国新罕布什尔州的选民不要参与投票，从而直接干预选举过程。② 由此可见，混淆技术与深度伪造等 AI 技术的结合，在提升信息保护水平的同时，增加了甄别真实信息的难度。当 AI 生成的虚假数据变得极其逼真时，混淆技术的合法性和效果受到广泛质疑。《互联网信息服务深度合成管理规定》为处理 AI 与混淆的结合所带来的问题提供了制度框架。该规定要求对可能滥用混淆和深度伪造技术的行为进行严格监管，以防止其破坏社会秩序和损害公共利益。为了有效应对 AI 与混淆的结合带来的伦

---

① See Peter Carlyon, Deepfakes Aren't the Disinformation Threat They're Made Out to Be, RAND (19 December 2023), https://www.rand.org/pubs/commentary/2023/12/deepfakes-arent-the-disinformation-threat-theyre-made.html.

② See The US has plans to tackle AI-generated Deepfakes, World Economic Forum, accessed June 30, 2024, https://www.weforum.org/agenda/2024/02/ai-deepfakes-legislation-trust/.

理和法律问题，迫切需要建立透明的问责机制和独立的监管机构来监督用 AI 生成虚假信息的行为，并建立有效的技术防护措施防止 AI 与混淆被滥用。比如开发能够检测深度伪造的工具，利用机器学习和模式识别技术，自动识别图像、视频和音频中的伪造痕迹，从而帮助社会公众和执法、司法机构甄别虚假信息。

二是群体隐私问题。AI 和大数据的应用在全球迅速扩展，通过数据驱动的服务（如推荐系统、智能医疗等）改善了人们的生活。考虑到来自各种渠道（云计算、物联网、社交网络等）的个人数据急剧增长，AI 和大数据之间的协同已成为必需。然而，当数据与 AI 在某个地方相遇，就会引发难以想象的隐私问题，其中之一就是"群体隐私"（Group Privacy）。群体隐私关注的是在数据分析和处理中保护具有共同属性或行为特征的群体的隐私。这不仅涉及对个体信息的保护，而且关注作为一个整体的群体的信息安全。例如，某社区可能因为共同的健康信息、位置数据或行为习惯被特别标识和分析，从而可能遭受群体级别的隐私侵犯。群体隐私的挑战在于如何在没有明确区分每个个体的情况下，保护整个群体的隐私。这涉及如何处理和保护群体共有的数据，避免因数据泄露或不当使用而给群体成员带来连带的风险。在生活中，有些信息并不是那么泾渭分明，比如我们和朋友的交互信息，而它们对了解我们的朋友意义重大。正如斯坦福大学计算机科学教授迈克尔·科辛斯基（Michal Kosinski）所言："如果了解一个人的 10 个脸书上的点赞，则对这个人的了解足以超越这个人的普通同事；如果了解 70 个脸书上的点赞，则对这个人的了解足以超过这个人的朋友；如果了解 150 个脸书上的点赞，那么对这个人的了解可以达到这个人的家长的程度；如果了解超过 300 个脸书上的点赞，那么恐怕会比这个人最亲密的伴侣更了解这个人。"① 尽管群体隐私是最重要的问题之一，但它尚未得到学界应有的关注。② 混淆技术的核心理念是增加数据分析的不确定性和复杂性，从而保护数据主体免受未授权分析的侵害。在群体隐私的场景中，在数据集中插入虚假的或无意义的信息的方式有助于保护那些因为共享某些敏感属性（如健康状况、种族、经济状况等）而被归为同一群体的个体。这种策略理论上能减少通过数据分析揭示个体隐私的风险。例如，在健康数据中混入虚假信息可以防止保险公司利用这些数据进行风险评估，从而避免对患有特定疾病的群体进行价格歧视。这种做法可以帮助实现保险费用的公平分配，防止基于健康数据的不公平

---

① Clifton B. Parker, Michal Kosinski: Computers Are Better Judges of Your Personality Than Friends, Stanford Graduate School of Business (23 January 2015), https://www.gsb.stanford.edu/insights/michal-kosinski-computers-are-better-judges-your-personality-friends.

② See Abdul Majeed, Safiullah Khan and Seong Oun Hwang, Group privacy: An Underrated but Worth Studying Research Problem in the Era of Artificial Intelligence and Big Data, Electronics 11, 1449 (2022).

处理。尽管混淆提供了一种理论上的保护方法，但它在实际应用中存在一定的局限性。混淆数据的生成需要精心设计，以确保虚假信息有可信度和难以识别性。如果混淆执行不当，不仅不能有效保护隐私，反而可能产生误导。为了克服混淆技术的这些局限，需要法律和技术的配合：从技术角度，开发更高级的混淆算法是必要的，这些算法应能自动调整虚假数据的生成过程或结果，以适应不断变化的数据分析技术；从法律角度，通过制定明确的规范来界定混淆技术的合法应用范围和方法，从而尽可能防止混淆技术被误用和滥用，同样重要。

三是"预测性隐私"（Predictive Privacy）。预测性隐私与上述群体隐私相似。这两种隐私问题都要求对数据的收集、存储和使用进行严格监管，确保处理过程的透明和公正，从而保护个体和群体不受未经授权的预测和标签化的影响，因此，二者具有同样的价值追求。群体隐私和预测性隐私的主要区别在于保护的对象不同。群体隐私关注的是如何保护一群人共有的隐私权，而预测性隐私则关注在不侵犯个体隐私的前提下如何对个体未来的行为进行预测；群体隐私考虑的是整个群体的隐私安全，而预测性隐私更多关注的是个体的数据如何被用于预测。机器学习中的数据分析和数据驱动方法现在在许多工业领域中是最受欢迎的计算技术之一。它的长处是可以根据大量行为和数据预测与目标群体或个体相关的敏感属性、未来行为或成本、风险和效用函数。有学者指出,如果预测分析被用于预测关于单一个体的敏感信息,或者根据许多不相关的个体提供的数据对个体进行不同的对待,则对伦理和数据保护有严重的影响。因此,学者们提出了"预测性隐私"的概念。① 预测性隐私关注的是未经个人明确同意,通过大数据分析和机器学习对个人行为和倾向进行预测的行为。这在很多情况下可能会侵犯个人的隐私权利。侵犯预测性隐私不仅关系到个人信息的泄露,更关系到如何使用这些信息进行决策,如信用评分、保险定价等,这些决策可能基于对个体行为的预测而非实际行为作出。尽管混淆可以在一定程度上增加数据分析的复杂度,但它并不能完全阻止基于大规模数据集的预测性分析。预测性隐私的核心挑战在于,即使数据被匿名化,依旧能通过分析来预测个体的行为或特征,这种预测可能会侵犯个体的隐私权利,并可能导致产生不公正的对待或决策。混淆的主要局限在于它并不改变数据的收集和使用方式本身,而只是在数据分析阶段增加障碍。这意味着如果攻击者能够识别出哪些数据是真实的,哪些数据是通过混淆生成的,那么他们仍然可以对真实数据进行分析和利用。相比之下,AI 和机器学习模型的强大能力意味着即使数据被混淆,仍然有从大量的、看似无关的数据中提取有价值的模式和关联的可能,继而进行有效的预测。

---

① Rainer Mühlhoff, Predictive privacy: Towards an applied ethics of data analytics, Ethics and Information Technology 23, 675-690 (2021).

因此，虽然混淆为个人隐私保护提供了一个工具，但在防止预测性隐私侵犯方面，它能起到的作用有限。面对日益复杂的数据分析技术，我们需要更全面的隐私保护策略。

五、本书翻译的三个"彩蛋"

第一个"彩蛋"是译者注。翻译任务是一个解决问题的过程，不能将译者的素养狭隘地等同于母语和目标语能力。译者的素养是译者以问题解决能力所统领的知识、能力和特质。[①] 这意味着，虽然这本书的篇幅短小精悍，但翻译并不轻松。翻译本书和翻译传统学术著作不太一样，前者的内容包含了诸多"混淆案例"：既涉及美剧、小说和电影，又囊括话剧、新闻和近代史；大到飞机雷达，小到昆虫和浏览器插件。感谢作者开阔的研究视野，让我们"不得不"通过"煲剧"等喜闻乐见的形式完成本书的翻译和校对工作。为了证明翻译过程不是在"摸鱼"，我们在最终的译稿中加了数量可观的译者注，并结合中国的相关案（事）例把这本"薄书"往厚翻译。这既用于记录和呈现我们作为译者与原著文本沟通的结果，也对原文起到一定的解释、补偿、纠误和评论的作用。我们希望这么做可以有利于读者诸君了解本书在中美文化上的有趣差异。

第二个"彩蛋"是对书名的翻译。本着"吹毛求疵"的

---

① 参见周小勇：《学术翻译中的译者注类型、规范及译者素养》，《上海翻译》2021年第6期。

翻译要求,从我们决定翻译本书,到最后大家看到的版本,本书的中译名在这一过程中更迭了将近二十次。本书的"曾用名"(曾经想用的名字)包括"混淆策略:保护隐私与私力救济指南""隐蔽之战:隐私与抗议用户指南""销声匿迹:隐私与抗议指南""遮蔽技术:隐私自卫与保护行动指南""隐私混淆术:用户抗议与保护指导"等。其中,将原书名使用的"protest"直译为"抗议"反而会削弱作者在本书最后一部分所强调的"用户应当通过有效的混淆技术或者策略保护自己的隐私"这一立场。几经纠结,我们最终锁定了两个翻译方案:"混淆:个人隐私自我救济手册"和"混淆:个人隐私自我保护手册"。二者的表述差不多,但究竟是用"救济"还是"保护"呢?我们的考虑是,"救济"意味着用户利益已经受损,而个人信息和隐私作为被保护的对象,应当是预先保护最为重要,因为个人信息和隐私一旦被实质侵害,大概率无法被充分救济,而只能填补损害。此外,"私力"的保护和"公力"相对,因为"公力"是需要行政资源、司法资源等作为支撑的,这些资源往往是有限分配,而由于个人信息和隐私的特性,相关侵权纠纷往往以"小额+大量+分散"居多。如果不是启动民事诉讼等救济程序,或者引发特别大的新闻事件,往往不会被当然地置于公力救济的标准范畴之内。因此,将本书书名翻译为《混淆:个人隐私自我保护手册》,更有助于强调本书对鼓励用户通过自己的努力优先保护自我权益的讨论,也能有针对性地凸显本书对差异化隐私保护这一学术议题的贡献。

第三个"彩蛋"是对"一词多义"的处理。需要"吐槽"的是,原著作者使用了很多冗余的表达,这一点在美国亚马逊网站的书评栏目中也有读者抱怨,全书用了大量的破折号进行断句。对此,我们采用了通译的模式。除保留必要的语气、表达与行文需要特别强调的观点和表述外,我们统一在语素上做了整合,以保障阅读的流畅性,并且注意翻译这些内容的具体方式,让本书的翻译能接地气,并且可以更好地体现中文的"味道"和惯常表达。在其他翻译细节上,本书最初的版本把"you"全部译作"您"。后期考虑到便于以更亲和的语气与读者朋友们交流,统一译成"你";同时,我们把尾注改为脚注,既方便查阅,也更符合中国读者的习惯,做到"所见即所得"。此外,在翻译本书的过程中,我们发现了部分理解存在分歧的词语。比如,"context"可以译作"场景、情景、背景、上下文";"agent"在原文中,既可以表达"网关代理"(proxy),又可以表达"FBI 特工";将"ethical obfuscator"译作"伦理混淆者"更好,还是译作"道德混淆者"更好;将"system"译作"(社会)制度"更好,还是译作"(软件)系统"更好;很多问题和表达时的语气是否在正话反说等,都需要自己根据上下文语境去揣摩和体会。为了便于大家理解和讨论,我们在对应位置附上了原文的用语和用词,并在对应的译者注中记录了我们对该处翻译的具体考量。

六、结语

在本书截稿的时候，北征法官正好拿到了他人生中最重要的博士学位。为了保证将书中的观点更好地展现在大家面前，尔埼老师在本书翻译立项时就不止一次地建议我们，一定不要译成学术腔，表述要活泼，更要平易近人。希冀这本译著还有这篇洋洋洒洒的译者序都能达到读者的要求，也能充分表达我们对本书的喜爱和重视。回到最初的问题，在AI大模型喷薄而出的今天，为什么还要坚持人工翻译？我们翻译的价值在哪里？收获又在哪里？从上述铺陈中，相信各位读者朋友也已略窥端倪：翻译不仅仅是语言之间的转换，更是一种文化的传递和交流。通过翻译本书，我们感触最深的一点是：法学著作的翻译，是理解和学习不同法域研究思想和学术表达所不可替代的方式，对于网络与信息法学这一"弥久而又新兴"的学科而言更是如此。有关个人信息保护与隐私的讨论虽然很多，但面对技术发展这一社会洪流，可能我们所以为的"尽然"方才启程。

最后，本书是我们在每天夜里挤出时间进行翻译的，译事艰辛，如有纰漏与疏忽之处，还请大家指出。

赵精武 深夜于北京航空航天大学

林北征 深夜于广州大学城

2024年7月30日

目录
CONTENTS

▶001　致　　谢

▶001　引　　言

▶007　第一部分　混淆实践面面观
　011　1 核心案例
　044　2 其他案例

▶075　第二部分　理解混淆
　077　3 为什么需要混淆？
　109　4 混淆不合理吗？
　144　5 混淆会起作用吗？

▶163　结　　语

▶167　参考书目

▶183　索　　引

致　谢

这本书始于我们在开发"混淆搜索"(TrackMeNot)插件*时对技术的讨论。我们得对丹尼尔·豪(Daniel Howe)致以最深的谢意，是他让插件的开发步入正轨。感谢文森特·图比亚纳(Vincent Toubiana)的加入，感谢他不知疲倦地维护插件和服务用户。无论是来自用户社群和各大隐私社区的反馈和意见，还是我们与拉克什米纳拉亚南·苏布拉马尼安(Lakshminarayanan Subramanian)合作撰写的技术论文①，都让我们看到这款插件的潜力和局限。最近，丹尼尔

---

* "混淆搜索"(TrackMeNot)是一款浏览器插件，可以生成和发送大量模拟搜索查询，使用户的真实搜索行为与大量的模拟搜索查询混合在一起，干扰和混淆搜索引擎对用户的搜索行为的跟踪，使搜索引擎难以确定用户的真实意图和兴趣，从而增强用户进行网络搜索的隐私性。——译者注

① Vincent Toubiana, Lakshminarayanan Subramanian, and Helen Nissenbaum, "TrackMeNot: Enhancing the Privacy of Web Search".

在设计师穆肖恩·泽尔-阿维夫（Mushon Zer-Aviv）的协助下，推出了第二款插件——AdNauseam，这让我们从方法论的视角，对混淆有了更深入和系统的理解。

就在此后不久，我们特别幸运，能在 First Monday＊上发表论文，还得以在《隐私、正当程序和计算转向》＊＊一书中专章与大家探讨与混淆有关的诸多概念。感谢诸位期刊评审和编辑反馈的意见，让我们受益匪浅。

得益于麻省理工学院出版社审稿人玛格丽特·埃弗里（Marguerite Avery）、吉塔·马纳克塔拉（Gita Manaktala）、苏珊·巴克利（Susan Buckley）、凯蒂·赫尔克（Katie Helke）和保罗·贝西格（Paul Bethge）的鼓励和详尽建议，本书得以面世。作为研究助理，埃米莉·戈德谢尔--戴

＊ First Monday 是世界上第一个完全由网络支持的学术期刊。它创刊于 1996 年，以开放获取的形式发布论文，旨在促进在互联网和数字化时代下对相关议题的研究和讨论。该期刊涵盖广泛的学科领域，包括计算机科学、信息科学、传媒研究、社会学、法律、政治学等。期刊发表的文章围绕互联网和数字技术对社会、文化、经济和政治等方面的影响展开探讨，并提供了跨学科的研究视角。——译者注

＊＊ 该书由美国纽约大学法学院的戴维·L. 劳伦斯（David L. Lawrence）教授和亚拉巴马大学法学院的蒂勒斯·约翰逊（Tillers Johnsen）教授合著，于 2013 年由剑桥大学出版社出版。该书探讨了随着信息技术的迅猛发展，个人隐私和正当程序的概念在数字化时代所面临的新挑战。作者分析了隐私权和正当程序原则在计算机和互联网环境下的变化，探讨了许多重要议题，包括数据隐私、网络监控、大数据分析、个人身份识别、隐私法律框架、监管机制等。该书采用了法学、计算机科学、伦理学和社会学等多学科的视角，有助于读者深入理解数字时代下的隐私和正当程序问题。——译者注

蒙德（Emily Goldsher-Diamond）围绕本书的方方面面做了许多细致的工作。本书的写作，得到了美国国家科学基金会（ITR0331542：有线世界中的敏感信息）、EAGER（CNS-1355398：未来互联网架构设计中的价值——下一阶段）、空军科学研究办公室（MURI-ONR BAA 07-036：协作策略和有保证的信息共享）以及英特尔（Intel）社会计算科技中心的资金支持。得益于这些项目的资助，我们可以有充足的时间、先进的技术和宽松的学术合作环境完成本书。

此外，还有两件重要的事情必须在这里一并说明，没有这两件事，我们估计没办法形成并不断完善对"混淆"的思考。第一件事是，2014年2月15日，由纽约大学媒体、文化和传播系与信息法律研究所联合主办，英特尔社会计算科技中心协办的混淆专题研讨会。我们要感谢妮科尔·阿兹特（Nicole Arzt）、埃米莉·戈德谢尔-戴蒙德（Emily Goldsher-Diamond）、达夫·海伦娜-佩德洛斯基（Dove Helena-Pedlosky）、梅莉萨·卢卡斯-路德维希（Melissa Lucas-Ludwig）、埃丽卡·罗布尔斯-安德森（Erica Robles-Anderson）和杰米·舒勒（Jamie Schuler），尤其是塞达·居尔塞斯（Seda Gürses），正是她事必躬亲，才保障了这次研讨会能如期举办，并提供了一个绝佳的交流平台，让我们彼此碰撞出大量的思维火花。毫不夸张地说，每位讲者的分享，都对我们的手稿产生了直接影响。第二件事是隐私研究小组每周的例会，每次会议都会专门给我们预留时间介绍本书的某一部分内容。如果没有和隐私研究小组的密切讨论，这本书就不可能以现在这样的方式呈现给大家。对此，我们衷心感谢参与其中的所有人。

其他支持、批评、看好和怀疑混淆的不同意见颇多，我们的观点也因为这些难得的各类意见而得到了极大的改进。这些意见来自麻省理工学院的公民媒体和比较媒体研究中心联合研讨会；纽约社会研究学院 2014 年研究生会议；特拉维夫（Tel Aviv）新媒体沙龙；希伯来大学耶路撒冷分销传播和新闻系研讨会；IBM 研发实验室海法分部；Eyebeam 艺术+技术中心；2013 年隐私增强技术热点研讨会（HotPETS 2013）；布鲁塞尔计算机、隐私和数据保护会议，以及皇后大学的监控研究会议；等等。

由衷感谢能够和我们一起讨论混淆并提供反馈、批评、鼓励和新想法的朋友及同事。我们尤其要感谢朱利亚·安格温（Julia Angwin）、索伦·巴罗卡斯（Solon Barocas）、达纳·博伊德（Danah Boyd）、克劳迪娅·迪亚兹（Claudia Diaz）、辛西娅·德沃克（Cynthia Dwork）、凯茜·德怀尔（Cathy Dwyer）、塔尔顿·吉莱斯皮（Tarleton Gillespie）、米瑞尔·希尔德布兰特（Mireille Hildebrandt）、阿里·尤尔斯（Ari Juels）、尼克·蒙特福特（Nick Montfort）、迪尔德丽·

马利根（Deirdre Mulligan）、阿文德·纳拉亚南（Arvind Narayanan）、马蒂因·范·奥特卢（Martijn van Otterloo）、艾拉·鲁宾斯坦（Ira Rubinstein）、伊恩·斯皮罗（Ian Spiro）、卢克·斯特克（Luke Stark）、凯瑟琳·斯特兰德伯格（Katherine Strandburg）、马修·蒂尔尼（Matthew Tierney）、乔·图罗（Joe Turow）、珍妮特·维尔特西（Janet Vertesi）、塔尔·扎斯基（Tal Zarsky）、马尔特·齐维茨（Malte Ziewitz）和伊桑·朱克曼（Ethan Zuckerman）。

最后，这本书的完成离不开我们的学术大本营——纽约大学媒体、文化和传播系的支持。谢谢大家！

引　言

我们打算用这本书开启一场"时代变革",但并不是那种场面浩大的"革命",至少一开始不是。我们的"变革"并不依赖"全面的改革",不依赖"彻底的重塑",更不依赖着急对新技术完全采纳。它从不大张旗鼓、挑三拣四。我们简简单单依靠习以为常的事物就能开启"变革",这些事物就像哲学家说的"现成工具",或者工程师口中的"通用硬件"。这些工具在日常生活、电影、软件、凶杀悬疑小说甚至动物界中都随处可见。尽管它们可以被暴君、威权主义者和秘密警察使用甚至滥用,但我们认为它们更适合被"小透明"、路人甲和受困的人使用,他们没有能力拒绝、退出或对我们的数据发送行为施加控制。我们"变革"的重点是削弱甚至击败当今的数字监控。面对无孔不入的数字监控,除了传统的逃避、反抗、回绝与故意捣乱,以及按照"我们"定义的服务条款使用APP,我们还会在本书的讨论中,为现有的与不断扩展的工具包添加新的概念和技术。根据对手、目标和资源的不同,本书提供了一系列方法,包括凭空消失、浪费时间和干扰分析、故意捣乱、集体抗议以及各种个体救济措施。我们勾勒出一个大概的范围,其中包含了许多已经存在和新兴的实例。尽管看上去有些散乱,但本质上使用了同一种方法,我们可以将其概括并融入相关的政策、软件和行为。这个范围就是我们上面所说的小"变革"所要探索的领域,而这个领域就被称为"混淆"。

混淆是一种故意添加模糊的、令人困惑的或有误导性的信息以干扰监视和数据收集的技术。这种技术虽然简单,但它有许多不同而复杂的用途。如果你是软件开发者或设计师,尽管一般人使用社交网络、地理位置等服务需要收集和使用个人信息,但你可以在各类APP中通过混淆来保护自己的数据,如果你在开发软件时还同步成立了初创公司,混淆甚至还能确保收购人的数据安全。此外,混淆技术还为政府机构提供了新的数据收集方法,同时最大限度地降低滥用可能性。本书提供了这样一个论证起点:生活在现代世界的你,如果不希望被大数据时刻监视并被持续分析,那么混淆确实是不错的方法,就像在精密的信息监控机器的齿轮中偷偷倒点儿沙子,以便争取时间将自己隐藏在茫茫大众之中。

我们对混淆的研究尝试跨越不同的领域,并找到它们之间有趣的相似点:通过将显著的信号隐藏在层层的误导信号中，处理那些应当可见、可读或可听的信息。我们对行动者寻求混淆的各种动机非常着迷，在第1、2节中，我们展示了数十个相关的实例。这两节是本书的第一部分，提供了混淆的多元形式和操作指南，展示了如何针对不同的目标和对手灵活使用混淆。无论是在社交网络中、扑克牌桌上还是在第二次世界大战时期的天空中，无论是面对面部识别系统、扑克牌桌上的对手，还是20世纪80年代南非的种族隔离政府，适当的混淆可以帮助我们保护隐私，减少数据被收集、观察和分析带来的困扰。在这两节中，我们集中讨论了混淆能为你做些什么、混淆有哪些不同实践，和混淆的用途有多广泛。这些问题应该能给诸位读者带来不一样的启发，激励大家更好地保护自己的数据。

第1节介绍了主动混淆的基本问题，并简单描述了有关实施混淆的主要方法。我们在本书的第二部分专门就这些方法进行了更详细的探讨和思辨。在第2节中，我们通过一系列简短的案例，尝试呈现出混淆的应用范围之广与形式之多样，同时也意在强调其基本概念。

第3—5节的标题别出心裁，都以问题形式提出。我们将一同思考为什么混淆能在各种隐私保护工作中发挥作用，使用混淆策略引起的伦理、社会和政治问题以及评估特定情景下的混淆是否有效，借此丰富读者对混淆的理解。要想评估一种混淆方法是否有效，我们需要了解它与其他工具的不同之处和其特定的优势与劣势。

第 3 节提出的第一个问题是："为什么需要混淆？"在回答这个问题时，我们解释了如何通过混淆来应对当今来自数字隐私的挑战。我们会指出混淆是如何有助于抵消信息不对称的不利影响的。当数据在我们一知半解的情况下被收集，还被用于我们可能不了解的目的时，就会产生信息不对称。我们的数据将被共享、交换、买卖、管理、分析和应用，所有这些都将影响我们生活的方方面面：你能申请到急需的贷款或廉租房吗？你的保险额度或信用风险有多大？你收到的广告是由哪些因素触发的？那么多的公司和服务机构怎么就知道你怀孕了，或者怎么就知道你正在与成瘾物质作斗争，或者猜到你打算换工作的？为什么不同的群体、不同的人口和不同的社区会被分配到不同的资源？在当前这种数据驱动的"反恐"时代下，"你是否被列入那个'名单'"的可怕说法也许就是一个很好的例子。即使在看似无害的领域工作也得悠着点儿。混淆并非取代社会治理、商业惯例或技术干预，也并非提供一种"一刀切"的解决方案，而是适合更大的隐私实践网络的一种工具。这种工具尤其适用于那些没有其他隐私救济方式的人，因为他们处于特定"信息—权力"关系的弱势地位。从这个意义来说，它无疑是一场"小规模分布式革命"。

同样，"场景"（context）这个概念也塑造了一系列有关混淆的伦理和政治问题。从社会政策到社会网络，再到个人活动，混淆在多个领域的使用引发了各方的担忧。在第 4 节中，我们抛出了一个核心问题："混淆不合理吗？"我们在鼓励人们通过混淆故意误导，或者通过噪声数据库（noise databases）"污染"数据的政策与分析吗？尽管这些噪声数据库在商用或民用过程中会产生不同的潜在风险。使用商业服务的混淆者难道不是免费利用了诚实用户的善意吗？这些用户通过提供自己的数据来支付定向广告和服务的费用。如果这些做法变得越来越普遍，我们难道不是在集体浪费算力和带宽吗？我们将逐一地讨论这些质疑，并引入道德和政治"计算"（calculus）的概念，用于评估特定场景下混淆的可接受性。

第 5 节的重点是讨论混淆的"能"与"不能"的问题。与密码学相比，混淆可能会被视为一种有条件的，甚至是不稳定的隐私保护方法。密码学可以根据密码长度、处理能力和时间等因素帮助我们精确计算出防御暴力破解的安全度。然而，使用混淆很少能够实现如此精确的安全度，因为其强度取决于用户要实现什么目标以及在使用环境中所面临的具体挑战。但是，这种复杂性并不等于"眉毛胡子一把抓"，它的成功仍然取决于对系统的相互依存性的认真考量。在这一节中，我们归纳了主动混淆的六个常见功能，并将其与设计维度相关联。这些目标包括赢取时间、提供掩护、推诿责任、逃避监视、干扰个人画像和表达抗议。我们可以考量混淆是关乎个人还是集体、已知还是未知、选择性还是普遍性、短期还是长期。例如，对于一些目标，如果对手知道我们使用了混淆，混淆就可能无法成功；对于其他目标，如集体抗议或用可能的原因进行干扰和产生合理怀疑，如果对手知道数据已经被污染，则更好。当然，所有这些都取决于对手可以使用多少资源，也就是对手愿意在识别和清除混淆信息方面花费多少时间、精力、注意力和资金。这些问题之间总是相互关联、彼此影响，因为它表明我们可以通过复盘具体情况来学习如何改进混淆。混淆会起作用吗？是的，但仅限于特定的场景。

下面，让我们开始对混淆的讨论吧。

第一部分

混淆实践面面观

混淆会受到用户行为目的的影响，这些目的可能从争取几分钟的时间到永久干扰个人资料管理系统，受用户是独自工作还是协同工作的影响、受其行动目标和受益者的影响、受需要混淆的信息性质的影响，以及我们将在第二部分讨论的其他影响。本书的第一、第二部分可以独立阅读，如果你对混淆的目的、伦理和政治困境或混淆用来保护隐私的情况有疑问，我们建议你直接跳到第二部分，加入我们的讨论。不过，在进入正题之前，我们还是希望你能尽可能多地了解混淆的各种具体情况，以便你能更好地发现混淆怎么样"自成一派"。通过细致地分析，我们可以将一系列看似不相关的事件联系起来，巧妙地揭示它们的内在联系，并触类旁通，找到可以应用于其他场景的新方法。当然，混淆是有条件的，它会受我们试图解决的问题和对手的影响，但它有一个简单明了的基本原则：无法拒绝，也无法否认。因为我们可以在具体场景中轻而易举地创造许多合理而具有误导性的假象，以便我们隐藏想要隐藏的信息。

为了展现在当前的应用和发展中最典型的混淆，并为本书的论证提供部分支持，我们甄选一组核心案例，来说明混淆如何工作以及它能做什么。这些案例不太适合被简单分类，所以我们将它们按主题串联起来，并加以结构化分析，以便你在阅读时可以清楚地了解混淆特有的各种选择。

除了这些案例，我们还提供了另一组简例，用来记录我们遇到过的其他混淆类型，其中既有混淆的新应用，也有一些不太寻常的场景。混淆，无论积极或消极、有效或无效、有针对性或无差别、自然或人为、模拟或数字，在许多领域和形式中存在。通过这些案例和解释，你将对我们所遇到的所有混淆有一个全面的了解。

1 核心案例

1.1 箔条干扰：戏耍军事雷达

在第二次世界大战期间，有一位雷达操作员在德国汉堡上空追踪一架飞机。他根据雷达天线每次扫描的荧光点，来配合地面的探照灯和高射炮击落目标。突然，代表飞机的点开始不断增加，很快就"淹没"了整个屏幕。飞机的真身就在其中一个点上，但由于"虚假回声"（false echoes）的存在，雷达只能当"睁眼瞎"。①

这一切都是因为飞机撒出了一种特制的黑纸条。纸条专门用铝箔做了背衬，并且剪成侦察雷达有效探照实物长度的一半。它们按计划被抛出机舱，一次就是满满当当的一磅纸条飘浮在空中，不一会儿敌军雷达的屏幕上便布满了信号。

---

① Meir Finkel, On Flexibility: Recovery from Technological and Doctrinal Surprise on the Battlefield (Stanford University Press, 2011), 125.

铝箔的存在，完全满足了雷达追踪飞机的触发条件，从而直接伪装出漫天的"飞机"，而这些"飞机"的数量远远超过了雷达所能追踪的上限。

这很可能是混淆最纯粹、最简单的例子。因为用雷达发现一架真正的飞机是手到擒来的事情（当时还没有能让飞机不被雷达发现的隐身技术），所以只要箔条施展的"障眼法"所干扰的时间足够长，就可以让雷达逼近工作性能极限，从而让飞机成功冲出雷达的探照范围。在当时那种情况下，漫天飘摇的箔条只能对飞机起到短暂的掩护效果，虽然不能一劳永逸地消除被敌军雷达发现的风险，但能保证飞机安全穿越敌方阵地。

正如我们将在第二部分讨论的那样，许多形式的混淆用来争取短暂的时间窗口效果最好。虽然它们只能给你带来几分钟的安全时间，但有时靠这几分钟就能完成整个任务。

箔条的例子也可以帮助我们用最基础的方式学会如何区分混淆。战争期间，友军利用侦察雷达有限的观测范围，在半空撒下箔条，这些箔条在雷达监控屏幕上的回声图像与飞机的雷达回声图像非常相似。弗雷德·科恩（Fred Cohen）将其称为"诱饵策略"（decoy strategy）。[1] 正如我们将看到的，有些混

---

[1] Fred Cohen, "The Use of Deception Techniques: Honeypots and Decoys," in Handbook of Information Security, volume 3, ed. Hossein Bidgoli (Wiley, 2006), 646.

淆会产生看似真实但极具误导性的信号,就像你为了保护车内的东西,会把几辆相同的车一起开出去,或者为了保护一架特定的飞机,尝试用其他飞机填满整个天空。而其他形式的混淆则是把真假信号混在一起,使对手不容易找出其中的规律。因为友军对敌军的雷达布控情况有确切的了解,所以,他们不必动真格地出动漫天的飞机,直接撒出箔条就能扬长而去。

如果混淆的设计者对观察者的感知极限有具体且详细的了解,那么这个特定的机制必须只在一段期间内工作,而且只在 45 分钟内起作用。如果对手的侦察系统能更持久地工作,或者有更全面、细致的观察能力,那么他们必然会对对手的决策过程了如指掌。也就是说,对手希望从通过侦察获得的数据中提取有用的情报,并通过操纵真正的"信号源"来试图破坏这一任务。

在我们讨论操纵真正的"信号源"之前,让我们看一个非常有意思的例子——用噪声淹没频道。

1.2　推特机器人:向推文标签"投毒"

接下来,我们将通过两个混淆案例来作一个对比研究。尽管生产仿制品是它们共同的混淆模式,但它们带着我们从第二次世界大战穿越回当下,从雷达警报、战机翱翔、炮声震耳的战争年代回到如今一派生机、众生皆在的社交网络。

在这段大胆的时空穿越中,以下两个案例还为我们引出了一个重要的议题。

在第3节中,我们将证明混淆是一种特别适合"弱者"的工具。"弱者"是指处境不利的人,即那些处于不对称权力关系中不利一端的人。毕竟,如果你不能隐身,不能摆脱跟踪或监视,甚至无法只选择退出或在安全的专用网络中操作,那么你最好采取这种方法。不过,这并不意味着它能被既得利益者接受。具有压倒性甚至胁迫性的行事手法往往比混淆的效果更好。不过,混淆有时对有权有势的人来说是有用的,就像我们接下来要讨论的分别在俄罗斯、墨西哥的两次选举中所体现的情形那样。了解争论中的群体所面临的选择后,我们就会明白这种混淆视听的做法是如何发挥独特的作用的。

2011年,在抗议俄罗斯议会选举不端期间,关于"塞票"(ballot-box stuffing)和其他违规行为的大部分对话最初都发生在LiveJournal上。LiveJournal是一个创始于美国的博客平台,却风靡于俄罗斯——超过一半的用户是俄罗斯人。[1]虽然LiveJournal很受欢迎,但用户基数相较脸书(现在的Meta)和Google等老牌平台来说非常小,其活跃用户的

---

[1] Kirill Maslinsky, Sergey Koltcov, and Olessia Koltslova, "Changes in the Topical Structure of Russian-Language LiveJournal: The Impact of Elections 2011," Research Paper WP BPR 14/SOC/2013, National Research University, Moscow, 3. 有关LiveJournal用户在各国所占比例的最新数据,请参阅http://www.alexa.com/siteinfo/livejournal.com。

数量还不到 200 万。① 因此，攻击者可以相对容易地发起"分布式拒绝服务"（DDoS）攻击，即通过使用分散在世界各地的计算机对网站发出大量请求，使网站服务器不堪重负，从而使 LiveJournal 瘫痪，让用户无法正常访问。这种攻击主流社交平台的做法，加上在发生在莫斯科的一次抗议活动中逮捕关键意见领袖（这其中包括一众知名活动家、博客作者等"大腕"），让人明显察觉出来，这是种直接的言论管控方法。②那么，这跟我们讨论的混淆有何关联呢？

且不着急。在此之后，俄罗斯互联网上对抗议活动的讨论逐渐转移到推特（Twitter，现改名为"X"）上。权力机关想阻止这种讨论，却面临着新的挑战，因为推特拥有庞大的用户群、与之相匹配的基础设施和网络防护经验。虽然 LiveJournal 和推特的社交功能差不多，但前者的母公司 SUP Media 的总部位于莫斯科。③ 相比之下，总部设在美国的推特看上去更有能力抵抗政治操纵。除非政府直接干预，否则不可能完全封锁或者轻易关闭推特。而 LiveJournal 是被民族主

---

① 这里引用的 LiveJournal 统计数据来自 http://www.livejournal.com/stats.bml。目前此网站已不可访问。

② Simon Shuster, "Why Have Hackers Hit Russia's Most Popular Blogging Service?" time.com, April 7, 2011 (http://content.time.com/time/world/article/0,8599,2063952,00.html). 该文引用的俄罗斯账户数似乎是账户总数，而不是活跃账户数。我们认为活跃用户的数量才是一个更有意义的衡量标准。

③ Yekaterina Parkhomenko and Arch Tait, "Blog Talk," Index on Censorship 37 (February 2008): 174–178 (doi:10.1080/03064220701882822).

义黑客独立攻击的,事先不一定会得到普京/梅德韦杰夫政府的认可和协助。① 因此,当各方想叫停推特上的政治讨论热潮时,都会面临着一个挑战。当我们结合混淆来思考的时候,这个挑战将变得很眼熟:时间紧迫,传统行动机制却不可用。直接的技术性方法,比如要么在整个国家内屏蔽推特,要么发起全球拒绝服务攻击,这些听上去都不太现实,甚至连发起政治和法律攻击都是不可能的。攻击者不会停止在推特上对话,而会用噪声来扰乱视线。在俄罗斯的抗议活动中,混淆的方式是成千上万的推特账户突然发声,发布的推文统一使用了与示威者相同的"标签"(tag)。② 标签是一种将推文分组的机制。例如,如果我在推文中添加"#混淆",符号"#"会将该词转换为可跳转的链接——点击它就可以跳转显示所有带有"#混淆"标签的推文。标签有助于将洪水般的推文变成关于特定主题的连贯的对话和互动,而"#триумфальная"*也因此成为人们用来发泄愤怒、表达观点和

---

① Suren Gazaryan, "Russia: Control From the Top Down," Enemies of the Internet, March 11, 2014 (http://12mars.rsf.org/2014-en/2014/03/11/russia-repression-from-the-top-down/).
② Brian Krebs, "Twitter Bots Drown Out Anti-Kremlin Tweets," Krebs on Security, December 11, 2008 (http://krebsonsecurity.com/2011/12/twitter-bots-drown-out-anti-kremlin-tweets/).
* 此处指抗议活动的地点凯旋广场(Triumfalnaya Square)。苏联时期,人们有在弗拉基米尔·马雅可夫斯基纪念碑下组织诗歌会的传统,任何人都可以来这里公开朗读自己的诗歌。——译者注

组织更多行动的标签之一。标签机制还帮助用户及时了解推特上的舆论动向和热搜话题，从而进一步吸引大家关注和讨论某个具体标签下的内容，比如推特热搜榜经常会引发新闻报道。①

如果你持续关注"#триумфальная"这个标签，就会看到俄罗斯的活动人士不断转发有新闻和制订计划链接的推文。但是，这些推文开始被夹杂着关于"伟大俄罗斯"（Russian greatness）的推文，或者似乎是由乱码、文不对题的单词和短语组成的推文替代。最终，这些推文和与抗议活动相关的其他主题的推文主导了"#триумфальная"的信息流，以至于与该主题相关的推文基本上迷失在噪声中，无法引起任何关注，也无法与其他用户产生连贯的交流。大量的新推文来自那些在大部分时间里都不活跃的账户。虽然它们从创建到抗议活动开始前，发布的信息很少，但一宣布活动开始，每个账户每小时就能发几十条推文。这些异常的账户会经常使用一些优美的名字，例如 imelixyvyq, wyqufahij 和 hihexiq；有相当一部分账户则使用更传统的名字，以"名+姓"（first-name_lastname）的方式命名，例如 latifah_xander。②

---

① Ann Friedman, "Hashtag Journalism," Columbia Journalism Review #realtalk blog, May 29, 2014 (http://www.cjr.org/realtalk/hashtag_journalism.php?page=all).

② "Twitterbots," Krebs on Security (http://krebsonsecurity.com/wp-content/uploads/2011/12/twitterbots1.txt).

显然，这些推特账户的背后是"推特机器人"（Twitter bots）。它们会模仿人的口吻自动生成目标信息。许多账户是在同一时间创建的。通过相当可观的数量和频率，这类信息很容易主导公众舆论；通过产生虚假的、无意义的信号来混淆视听，从而有效地毁掉了拥有特定受众的平台。

使用推特机器人正在成为扼杀推特平台上的公众讨论的可靠技术。极具争议的 2012 年墨西哥大选就是该方法的又一"力作"。该技术甚至在实践中还进一步完善了发推功能。①反对党领先者恩里克·培尼亚·涅托（Enrique Peña Nieto）和革命制度党（PRI）的抗议者使用"#marchaAntiEPN"作为组织标签以汇总发推的声量，并组织民众及党员呼吁和参与抗议活动。希望管控抗议活动的政府当局面临着与俄罗斯类似的挑战。然而，在美国西班牙语电视网 Univision 调查该事件时，只有大约 30 个这样的推特机器人处于活跃状态。他们的方法是通过滥用"#marchaAntiEPN"标签，干扰如火如荼的抗议活动。许多推文完全由"#marchaAntiEPN、#marchaAntiEPN、#marchaAntiEPN、#marchaAntiEPN、#marchaAntiEPN、#marchaAntiEPN"的变体组成。特定用户使用这一系列的近似变体，特别是发送可疑推文的行为，会触发

---

① Manuel Reda, "Mexico: Twitterbots Sabotage Anti-PRI Protest," Fusion, May 21, 2012（http://thisisfusion.tumblr.com/post/23287767289/twitterbots-attack-anti-pri-protest-mexico）。

推特后台机器人的安全系统,以识别这些用户操纵主题标签系统的动机,然后从"热搜主题"列表中删除有问题的主题标签。换句话说,由于热搜话题中的内容变得有新闻价值并会吸引人们的注意力,垃圾邮件的发送者和广告商将尝试重复推送带有主题标签的推广内容,因此推特开发了发现和阻止此类"蹭流量"行为的机制。①

推特机器人故意操纵墨西哥大选的行为,触发了上述的自动防御机制,使"#marchaAntiEPN"标签暂时无法被使用,导致其丧失热度而被大型媒体"边缘化"(off the radar),最终消除其潜在的媒体意义。尽管这些努力与前文所提到的雷达干扰策略如出一辙,即使用很多仿制品混淆视线,但它们的目标导向完全不同(禁用标签无疑更像一种具有破坏性的混淆):它们的相同点不仅仅是赢得时间(例如,在选举前的准备阶段和选举后的动荡时期),而是通过使用虚假信号来操纵数据的属性,使某些主题标语(如热搜标签)无法被使用,甚至给排序算法"投毒"。

---

① 有关墨西哥大选与推特机器人的详细情况,可参见 Mike Orcutt, "Twitter Mischief Plagues Mexico's Election," MIT Technology Review, June 21, 2014 (http://www.technologyreview.com/news/428286/twitter-mischief-plagues-mexicos-election/)。

1.3 隐身斗篷：让定位服务"抓瞎"

"隐身斗篷"（CacheCloak）*采取了一种"基于位置服务"（LBSs）的混淆方法。① 它比前文中介绍的虚假回声和制造机器人分身更有优势：一是确保用户仍然可以提取相关数据；二是可以重复使用，而不是一种争取时间的临时策略。

利用移动设备的定位能力来创建的各种服务，其中有一些是社交性的（例如，FourSquare 会把用户去过的地方的列表变成一个互动游戏），另一些是有利可图的（例如，位置感知广告），还有一些是非常有用的（例如，地图和最近的搜索记录）。平衡数据隐私与效用的经典修辞在这里表现得淋漓尽致，效用经常被描述为是对隐私有害的。如果你想要定位数据的价值——例如，如果你想和朋友在线上见面——你将不得不牺牲一些隐私，并且你将不得不迁就服务

---

* "隐身斗篷"（CacheCloak）是一种实时匿名化位置数据的系统，用于保护移动用户的隐私。隐身斗篷可以通过移动模式来智能推断每个用户的路径，直到它遇到另一个用户的路径，从而阻止对任何给定用户的可靠跟踪。该系统使用随机方法来生成移动性预测和熵测量，以量化用户的匿名性，并对相当强大的对手具有理想的跟踪弹性。使用真实 GIS 数据进行基于跟踪的交通轨迹模拟表明，隐身斗篷可以在不降低位置精度或服务可用性的情况下实现实时位置隐私保护。参见 https://dl.acm.org/doi/10.1145/1710130.1710138。——译者注

① Joseph Meyerowitz and Romit R. Choudhury, "Hiding Stars with Fireworks: Location Privacy through Camouflage," in Proceedings of the 15th Annual International Conference on Mobile Computing and Networking (ACM, 2009).

提供商，让他们知道你的位置。隐身斗篷提出了一种权衡的方法，比如试图通过隐藏用户的一部分路径来掩盖用户行踪。

隐身斗篷的创建者写道："当其他方法还在试图通过隐藏部分路径来混淆用户的路径时，我们通过用其他用户的路径来掩盖用户的位置。"[①] 也就是说，通过传播其他用户的位置数据来掩盖自己的真实位置。在标准模式下，你的手机会将你的位置信息发送给上述服务，并回传你请求的信息。在隐身斗篷模式中，你的手机会预测你可能会走的路径，然后获取几条可能路径的结果。在你移动的过程中，会以一种请求缓存数据的形式访问你正在寻找的地点，这会给监听者留下许多条你下一步可能会走的路径，从而无法确定你从哪里来，你想去哪里，甚至你在哪里。从观察者的角度来看，我们希望保密数据被隐藏在其他数据里。

1.4 混淆搜索：人机结合的搜索查询

在 2006 年，丹尼尔·豪（Daniel Howe）、海伦·尼森鲍姆（Helen Nissenbaum）和文森特·图比亚纳（Vincent Toubiana）共同设计和开发了"混淆搜索"（TrackMeNot）插件。它可以通过模仿信号隐藏用户的在线活动，通过冗余的搜索

---

① Joseph Meyerowitz and Romit R. Choudhury, "Hiding Stars with Fireworks: Location Privacy through Camouflage," in Proceedings of the 15th Annual International Conference on Mobile Computing and Networking (ACM, 2009), 1.

请求保护用户不被分析。毕竟不久前，美国司法部对谷歌公司的搜索引擎日志提出新的监管要求。几乎是同一时间，《纽约时报》的一名记者也曝出和搜索有关的隐私泄露事件：一些身份和个人资料可以从美国在线公司（AOL Inc.）公布的匿名搜索日志中被推断出来。①

从技术原理的角度来说，我们的搜索记录最终会汇编成包括位置、姓名、兴趣和问题的列表。无论我们的完整IP地址在不在列表里，我们的身份都可以从这些汇编数据中被推断出来，我们的个性和习惯也可以被辨别出来。为了回应人们对搜索引擎承担责任的呼吁，各大搜索公司尝试提供一些方法来解决人们对收集和存储历史搜索数据的担忧，尽管它们一刻不停地收集和分析此类查询的日志。② 因此，如何防止搜索记录不适当地透露特定自然人的兴趣爱好和社交活

---

① 关于AOL搜索日志事件，请参阅Michael Barbaro and Tom Zeller Jr., "A Face Is Exposed for AOL Searcher No. 4417749," New York Times, August 9, 2006. For the Department of Justice's Google request, see the original subpoena: Gonzales v. Google, Inc., Case (Subpoena) CV 06-8006MISC JW (N. D. Cal.). http://www.google.com/press/images/subpoena_20060317.pdf。之后的裁决结果，请参阅American Civil Liberties Union v. Gonzalez, Case 98-5591 (E.D. Pa.) (http://www.google.com/press/images/ruling_20060317.pdf)。

② 例如，可以注意到，从谷歌基于Google+信息提供的更个性化的搜索结果中推出的信息，就包含一个切换按钮。这个按钮可让你查看不受网络搜索历史影响的结果。这样做并不会清除历史记录，但它将查询历史以至少应该是可选的，而非完全有益的方式呈现出来。参见Amit Singhal, "Search, Plus Your World," Google official blog (http://googleblog.blogspot.com/2012/01/search-plus-your-world.html), January 10, 2012。

动,仍然是一项不小的挑战。①

"混淆搜索"插件提供的解决方案不是隐藏用户的搜索历史,使其不被搜索引擎发现(考虑到搜索满意度的要求,这是一种不切实际的方法),而是借助"种子列表"(seed list)自动生成多个搜索请求来实现混淆的效果。种子列表中由各类常用语组成。这些词语最初是从"网站订阅"(RSS)摘要中挑选出来的,不同的用户可以在使用的过程中,逐步形成个性化的种子列表。通过把从搜索查询中返回的新内容重新填入种子列表的方式不断地改进模拟的精度。因此,插件可以尝试模仿真实用户的搜索行为,向搜索引擎提交搜索请求。例如,搜索了"切尔西 Wi-Fi 网速快的咖啡馆"的用户可能还搜索了"萨凡纳犬舍""迈阿密鲜榨果汁""亚洲地产公司""锻炼延缓痴呆症"和"伸缩式卤素灯"等。个体的行为被许多幽灵般的行为掩盖,使其行为模式更难被辨别,因此很难说到底哪些搜索请求是用户所为,而不是混淆算法自动输出的结果。通过这种方式,这款插件在某些情况下帮助用户合理摆脱了数据收集,因而也扩展了混淆的作用。

---

① Vincent Toubiana and Helen Nissenbaum,"An Analysis of Google Logs Retention Policies," Journal of Privacy and Confidentiality 3, no. 1 (2011): 3-26 (http://repository.cmu.edu/jpc/vol3/iss1/2/).

1.5 通通上传：掩盖重要文件

"维基解密"（WikiLeaks）使用了多种系统来保护访问者和贡献者的身份。然而，有一个可能会破坏该网站的安全性的明显迹象：文件上传。如果窥探者可以监控维基解密的流量，他们就可以识别向维基解密的安全服务器提交材料的行为。特别是，如果他们能够推断出维基解密随后发布的各种数据集的大小，就可以接着推断出传输了什么、何时传输以及由谁传输，甚至还能知道技术和运营安全有什么故障。面对这种特殊的挑战，维基解密专门开发了一个脚本来产生虚假信号。它在访问者使用浏览器时同时启动，让操作电脑的行为看起来像上传文件到维基解密的安全服务器。[①] 因此，窥探者会看到一群明显的解密者在大张旗鼓地访问服务器，但实际上，其中绝大多数只是阅读或查看已经公开的文件，可能只有几个人才是真的解密者。值得注意的是，这个脚本只会试图提供特定的数据来模仿和隐藏一些用户的访问行为，并不会干扰数据挖掘或广告投放。

然而，即使是加密和压缩的数据也包含相关的元数据。最初参与维基解密系统搭建的开发者对元数据的安全性并不满意，所以转身就开发了维基解密的变体——OpenLeaks，并

[①] Andy Greenberg, This Machine Kills Secrets: How WikiLeakers, Cypherpunks, and Hacktivists Aim to Free the World's Information (Dutton, 2012), 157.

在维基解密的基础上作了改进，但最终草草收场。① Open-Leaks 分析和统计了维基解密接收的文件的属性，并基于此开发了一个虚假上传的模型。该模型会模仿维基解密的网站上传流量，保证假的流量中比例相同地出现大小相近的文件。大多数文件的大小在 1.5 兆字节到 2 兆字节之间，但也有少数异常的文件的大小会超过 700 兆字节。如果窥探者能够监视上传流量，那我们就算用脚本大张旗鼓地伪装访问，也没办法掩盖这些异常值，要想区分上传内容的真假，简直易如反掌。正如这个例子，混淆可以通过所有能操纵的参数为对手提供一个编造的网站记录，并从中获得很多好处。

1.6 虚假暗示：用"小动作"来欺骗行家

让我们从隐藏泄密者的紧张氛围中走出来，一起想想如何在轻松的场景下使用同样的混淆技巧：扑克牌游戏。

扑克牌游戏的乐趣和挑战常常在于：从其他玩家的表情、手势和肢体语言中推断谁在虚张声势，手握好牌却"扮猪吃老虎"，然后怂恿对手叫牌。研究对手的核心要义在于"暗示"（tell）——在强手或弱手面前展示的一些无意识的习惯或小动作，例如出汗、担忧地瞥一眼或身子微微前倾。在扑

---

① Andy Greenberg, This Machine Kills Secrets: How WikiLeakers, Cypherpunks, and Hacktivists Aim to Free the World's Information (Dutton, 2012), 293.

克牌游戏的信息经济学策略中,"暗示"是如此重要,以至于玩家有时会使用"虚假的暗示"。他们经常故意露出假的"马脚"来诱导对手。① 在常见的扑克牌游戏的策略中,使用这些假动作的时机最好是在锦标赛的关键时刻,以免被其他玩家发现,反过来用它们来对付你。耐心分析多场牌局和玩家的习惯,基本可以区分动作的真假。但在时间紧迫、一失全无的关键牌局中,假动作可能非常奏效。许多直面对手的运动,都可以使用类似的技巧。一个典型的例子是棒球,正如一位教练向记者解释的那样:"有时你(故意)发出的一个信号,即使它没有任何意义,也能在比赛中成为优势。"②

1.7　共用身份:一群同名的人

在电影《斯巴达克斯》(Spartacus)中有个场景,我们常拿来介绍群体性混淆,因为它最简单,也最令人难忘。在这个场景中,罗马士兵要求叛乱的奴隶指认谁是带头的人,士兵们扬言要把他揪出来,钉在十字架上。③ 当斯巴达克斯

---

① Phil Hellmuth, Marvin Karlins, and Joe Navarro, Phil Hellmuth Presents Read 'Em and Reap (HarperCollins, 2006). (设想一种基于更多使用混淆的扑克牌策略很有趣——一个玩家不断作出各种习惯性动作和典型的提示,使任何非自愿的行为难以被解读——但这可能令人非常恼火,以至于玩家会被赶出去)。

② Wesley Remmer, "Learning the Secret Language of Baseball," Bremerton Patriot, July 23, 2010 (http://www.bremertonpatriot.com/sports/99124354.html).

③ Spartacus, directed by Stanley Kubrick (Universal Pictures, 1960).

（柯克·道格拉斯饰演）准备开口时，他周围的人一个接一个地说："我是斯巴达克斯！"直到所有人都说自己就是斯巴达克斯后，方才安静下来。

　　许多人认领同一身份以获得群体保护的方法并不少见。例如，1830年英国农业起义中的"斯温长官"（Captain Swing）*、《双城记》（*A Tale of Two Cities*）中激进分子口中的"雅各"（Jacques）**或《V字仇杀队》（V for Vendetta）中的盖伊·福克斯面具（Guy Fawkes mask）***。虽然这些例子有点

---

* 1830年，英格兰南部及东部的农民抗议严酷的工作环境以及农业生产的机械化，发动了大规模起义。"斯温长官"（Captain Swing）通常被用来指代整个起义运动，也称"斯温暴动"（Swing Riots）。"斯温暴动"这个名字源于"斯温长官"，当时的暴动者给农夫、地方法官及牧师等人写了很多恐吓信，信的署名就是这个名字。但这其实是一个虚构出来的人物，他为这场运动增加了一些传奇色彩（"斯温"在英语中指用于手动打谷的摇摆杆）。"斯温长官"的信件在1830年10月21日首次被《泰晤士报》报道。参见 Harrison, The Common People, pp. 249–253; Horspool, The English Rebel, pp. 339–340; The Times, Thursday, 21 October 1830, p. 3, Issue 14363, col C。——译者注

** 狄更斯名篇《双城记》的背景设定在法国大革命期间，在小说中，一群革命者采用"雅各"（Jacques）作为他们的代号，代表着法国人民的和平心愿和反抗精神。——译者注

*** "盖伊·福克斯面具"（Guy Fawkes masks）是一种面具，这种面具以英国历史人物盖伊·福克斯（Guy Fawkes）的面容为原型加以创作。这种面具通常出现在政治抗议、集会或示威活动中，面具的佩戴者试图通过这种具有象征性的装束来表达他们对政治体制的不满。这种现象在当代文化中与匿名主义和反权威主义的观念联系在一起。特别是在2005年的电影《V字仇杀队》中，这种面具得到了广泛的关注和流行，该电影中的主角使用这种面具作为标志，作为反抗独裁政权的象征。——译者注

老套了①，但马克·迪斯瑞斯（Marco Deseriis）把它们拿来研究"不当名称"和集体身份在消除个人责任和行动扩散方面的问题。② 与前面可以独自完成的混淆方法不同，这里讨论的混淆需要依赖团队、社区和盟友。

1.8 会分身的小伙伴：多人共用马甲

许多例子表明，一群人会合作制造真实但具有误导性的信号，从而将真实而显著的信号隐藏起来。流行文化中的一个令人难忘的例子是1999年的电影《托马斯·克朗的冒险》（The Thomas Crown Affair）*中的一幕：主角穿着独特的马格里特风格的服装，突然出现在一群穿着同样服装的男人中。他们在博物馆里走来走去，交换着相同的公文包。③ 在2006年的电影《突围》（Inside Man）中，抢劫银行

---

① Charles Dickens, A Tale of Two Cities (Penguin Classics, 2003); Alan Moore and David Lloyd, V for Vendetta (Vertigo/DC Comics, 1982).
② Marco Deseriis, "Lots of Money Because I Am Many: The Luther Blissett Project and the Multiple-Use Name Strategy," Thamyris/Intersecting 21(2011): 65–93.
* 《托马斯·克朗的冒险》(The Thomas Crown Affair) 是一部1999年的美国电影，讲述了一个富豪托马斯·克朗（皮尔斯·布鲁斯南饰演）因在一家艺术博物馆里盗取了一幅价值高达1亿美元的画作，而被调查员凯瑟琳·珂菲尔德（丽娜·奥琳饰演）发现。两人开始了一场危险而令人兴奋的爱情和智力较量，他们都试图互相破解对方的计谋。——译者注
③ The Thomas Crown Affair, directed by John McTiernan (Metro-Goldwyn-Mayer, 1999).

计划的实施依赖抢劫者都穿戴着油漆工的工作服、手套和面具，并让人质也穿戴上同样的服装。①* 再如，在阿尔弗雷德·希区柯克（Alfred Hitchcock）于 1959 年执导的电影《西北偏北》（North by Northwest）中，主角罗杰·桑希尔（Roger Thornhill）急中生智，他为了在火车到达芝加哥时避开警察，贿赂了一个"行李搬运工"（redcap），回报是把搬运工身上的制服借给他。当他戴上标志性的小红帽，混入一群搬运工后，警察一时之间竟不好找到他。②**

用相同的物品进行混淆很常见，而且容易理解。古罗马的安西利亚（ancilia）就是一个例证。传说中，在罗马第二任国王努马·庞皮利乌斯（Numa Pompilius，公元前 753—

---

① Inside Man, directed by Spike Lee (Universal Pictures, 2006).
* 《突围》（Inside Man）是一部在 2006 年上映的美国悬疑惊悚电影，故事开始，一群武装劫匪闯入一家银行，并且在银行内部扣留了人质。警方赶到后，双方展开了一场激烈的对峙。而随着事件的发展，背后的真相逐渐浮出水面。故事的发展充满了复杂的阴谋和出人意料的转折。电影的导演斯派克·李在这部电影中运用了独特的拍摄技巧和剪辑手法，使故事更加生动有趣，同时也探讨了许多社会和人性问题，值得一看。——译者注
② North by Northwest, directed by Alfred Hitchcock (Metro-Goldwyn-Mayer, 1959).
** 《西北偏北》（North by Northwest）是一部 1959 年上映的美国经典悬疑片，电影讲述了广告商罗杰·瑞特（凯里·格兰特饰演）被错误地认定为联邦特工，并被卷入了一场阴谋。他必须在逃亡和调查真相之间寻找平衡，同时还要和性感的埃娃·玛丽·圣（凯瑟琳·赫本饰演）一起逃离刺客的追杀，最终揭开事件背后的真相。电影中的场景，如罗杰在印第安纳州玉米地里被追杀的镜头，以及在卢瓦尔河谷上空的飞机追逐场面。至今仍被视为电影史上的经典。——译者注

前673年在位）统治时期，一块"盾牌"（ancile）从天而降。这块"盾牌"被认为是神的恩赐，是一件神之遗物，拥有它将保证罗马长盛不衰。① 它与11个完全相同的盾牌一起被挂在马尔斯神庙里，这样盗贼就不知道该偷哪一个。《拿破仑的六个半身像》是另一个例子，《福尔摩斯探案集》中的故事的标题就源于此。小说中的反派将一颗黑珍珠塞进了还未干透的石膏像里，并把这个石膏像藏在另外五个一模一样的石膏像中间。相较其他方法，这种方法将黑珍珠藏在更大的物体中，而且还是再普通不过的廉价半身像，普通到随处可见，以至于不可能被人发现里面还藏着宝物。②

"灭虫员劫匪"（Craigslist robber）的故事*可以为我们提供另一个实例。2008年9月30日上午11点，在华盛顿州门罗市的一家银行外，一名穿戴灭虫工装（工装包括蓝色衬衫、护目镜和防尘口罩）并手持喷雾器的男子走近一辆运钞车，用胡椒喷雾制服了警卫，车上的存款被洗劫一空。③ 当警察赶到时，发现整整13名男子都穿着和劫匪一样的蓝色衬

---

① Thomas Habinek, The World of Roman Song: From Ritualized Speech to Social Order (Johns Hopkins University Press, 2005), 10.
② Arthur Conan Doyle, "The Adventure of the Six Napoleons," in The Return of Sherlock Holmes (Penguin Classics, 2008).
* 灭虫员劫匪曾在美国引起轰动，是FBI官方榜上有名的盗贼，详情参见https://www.fbi.gov/news/stories/craigslist-robbers。——译者注
③ Sarah Netter, "Wash. Man Pulls off Robbery Using Craigslist, Pepper Spray," ABC News, October 1, 2008 (http://abcnews.go.com/US/story?id=5930862).

衫,并戴着护目镜和防尘口罩。他们之所以这么穿是因为听从了 Craigslist[*] 广告的指示。该广告承诺当天上午 11∶15 在银行进行灭虫工作,并承诺了很高的报酬。本来只需要几分钟就可以确定劫匪有没有混在这些"临时工"之中,但这几分钟足以让劫匪"金蝉脱壳"。

还有一个非常典型的故事,尽管事实上这个故事并不准确,但经常被人津津乐道,那就是丹麦国王和许多丹麦非犹太人一起戴上黄色的"大卫星"胸标,以使入侵的德国人无法区分和驱逐丹麦的犹太人。尽管丹麦以这种方式勇敢地保护了国内的犹太人,但纳粹在占领丹麦后并没有使用黄色"大卫星"胸标,因为他们担心这会引起更多的反德情绪。然而,"在比利时、法国、荷兰、波兰甚至德国,都有非犹太人戴着黄色'大卫星'胸标抗议纳粹反犹太主义的记录"①。这个传闻给出

---

* Craigslist 是一家在线分类广告网站,用户可以发布各种类型的广告,包括房屋出租、二手商品出售、招聘信息等。然而,一些犯罪分子常常在 Craigslist 上发布虚假广告或回复,以假冒正常的买家吸引潜在卖家前往特定地点进行交易,然后实施线下抢劫行为。此外,他们也可能冒充卖家发布具有吸引力的广告(如低价二手车或租房信息),并在买家付款后消失。还有一种欺诈手段是冒充买家,然后使用伪造的支付方式(如伪造的银行支票)进行支付。这类欺诈行为不仅在 Craigslist,在其他类似的在线市场(如 eBay 和 Facebook Marketplace 等)也时有发生。——译者注

① Jens Lund, with reply by István Deák, "The Legend of King Christian, an Exchange," New York Review of Books 30, no. 5 (1990) (http://www.nybooks.com/articles/archives/1990/mar/29/the-legend-of-king-christian-an-exchange/). (虽然黄色"大卫星"胸标这一案例是虚构的,但这并不影响丹麦人在战争期间帮助犹太人躲藏和逃脱的英勇历史)。

了一个合作混淆的完美例子：非犹太人戴着黄色的"大卫星"胸标举行抗议活动，为少数犹太人提供了一个可以藏身的群体。①

1.9 案牍劳形：用假文件消耗敌人

让我们继续通过添加真实但具有误导性的信号来研究混淆。现在让我们思考一下把制作大量冗余的文件的行为视为混淆的例子，例如在诉讼中过度披露材料的情况。法国大革命时期，公共安全委员会总警察局局长奥古斯丁·勒让（Augustin Lejeune）和手下制作了报告，作为逮捕、拘留和处决抗议者的依据。后来，为了给自己在这一时期的行为辩护，勒让声称他制作大量的报告是有意为之：他指示手下制作很多事无巨细的报告，务必呈现最微小的细节，以便在不违背命令的情况下，放慢向委员会提供情报的速度。勒让的说法是否令人信服还有待商榷，毕竟他引用的报告里的生产数量不可靠，但正如本·卡夫卡（Ben Kafka）所指出的那样，他想出了一个官僚主义式的策略，即通过撰写各种各样的琐碎的报告来降低工作效率："他似乎已经认识到，尽管为时已晚，但文件和细节的激增为抵制暴政和遵守工作纪律提供了机会。"② 在无法说

---

① Leo Goldberger, ed., The Rescue of the Danish Jews: Moral Courage Under Stress (New York University Press, 1987).
② Ben Kafka, The Demon of Writing (MIT Press, 2012), 67.

"不"的情况下，有可能会出现一堆毫无帮助的"是"。例如，不要在回应请求时发送一个整理好的文件夹，而是发送一堆杂乱的文件，然后悄悄把关键的文件藏在其中。

1.10 互换 SIM 卡：飘忽不定的跟踪对象

结合最近的报道和爱德华·斯诺登（Edward Snowden）披露的一些信息来看，美国国家安全局（National Security Agency）的分析人员利用各种情报来源，特别是手机元数据和 GPS 数据，来识别和追踪要消灭的目标人物。[①] 元数据会显示哪些号码被拨打以及何时被拨打，这些数据可以被用来构建一个社交网络模型，该模型能够识别特定电话号码是否属于相关人员；GPS 数据意味着可以用不同的精确度锁定位置，然后直接派无人机前去攻击。换句话说，这个系统可以完成从目标的识别到定位，再到暗杀的所有步骤，完全不需要对个人进行面对面的视觉识别。无人机操作员最接近某个人的地方可能是某幢建筑物的外墙，或者是某个进入汽车的人影。鉴于美国国家安全局的手机元数据项目和无人机袭击的记录并不完整，人们自然会严重担忧其准确性。无论人们是担心国家安全受到的威胁仍然活跃，还是担心无辜者被不

---

① Jeremy Scahill and Glenn Greenwald, "The NSA's Secret Role in the U.S. Assassination Program," The Intercept, February 10, 2014 (https://firstlook.org/theintercept/2014/02/10/the-nsas-secret-role/).

公正地夺走生命，或者两者兼有，我们都很容易看出这种方法的潜在缺陷。

然而，让我们反过来，从目标的角度更抽象地思考这个问题。美国国家安全局的大多数目标都有义务随身或在附近携带跟踪设备（只有恐怖组织中的最高级别的人物才能摆脱这类束缚），几乎所有与他们接触的人都是如此。携带跟踪设备可以维持他们与组织的通话和对话，也为他们提供了识别身份的手段；然而，这些保证他们正常开展工作的机制也困住了他们。对抗者不是试图协调防空炮找到天空中的目标，而是拥有完全的空中优势，能够向汽车、街角或房屋发射导弹。然而，对手也有一套有针对性的限制手段。虽然跟踪系统在覆盖范围和定位能力方面都很出色，但最终仍然需要依赖 SIM 卡和移动电话。更准确地说，是利用它们本身的窄带宽实现通信。联合特种作战司令部的一名前无人机作战员报告：正因如此，目标人物采取了混淆真实信号的措施。目标人物的身份与许多 SIM 卡相关联，并且这些卡片被随机重新分配。一种方法是举行会议，所有与会者将他们的 SIM 卡放入一个袋子，然后从袋子里随机抽取。这样一来，谁都不知道自己到底会抽到谁的 SIM 卡。这是一种拖延时间的方法：如果元数据分析足够先进，探员们应该能够根据过去的呼叫模式再次对个人进行分类，但随机的打乱处理使分类工作更加困难。把 SIM 卡放在一起，然后重新"洗牌"也可能是无意中发生的，因为目标人物自己都不知道他们的手机是被倒卖了还是被借给了亲朋。最终的结果是，这个系统在技术上非常精确，但无论是从被消灭的危险人物还是从被误杀的无辜的非战斗人员来看，其实际成功率反而非常不确定。即使是在无法避免相当精确的位置跟踪和社交图谱分析的情况下，使用混淆手段来混合真实信号，而不是产生虚假的信号，也可以提供一定程度的防御和反制措施。

1.11　洋葱路由：帮人"上网"，隐藏自己

"洋葱路由"（TOR）系统通过许多不同独立"节点"加密传递消息，以此促进匿名使用互联网的系统。洋葱路由可以通过与其他更强大的机制结合使用的方式来隐藏数据。这种策略进行加密的形式是真假参半地实现混淆。想象一下，一条信息通过一大群人偷偷传递给你。这条信息是一个没有任何身份信息的问题；对你而言，它是由最后一个拿着它的人，也就是把它交给你的人写的。你写好并传回去的回复会沿着一条不可预测的路径消失在人群中。在人群中的某个地方，写信人收到了答案。你和其他人都不知道谁是作者。

如果你在通过洋葱路由工作时请求访问一个网页，你的请求不会来自你的 IP 地址；它将来自系统上的一个"出口节点"（类似最后一个将消息交给收件人的人），同时还有许多其他用户的请求。数据进入系统，并进入一个迷宫般的节点

组合。洋葱路由网络上的计算机（类似人群中的人）为处理其他人的流量而提供一些带宽，同意在看不见的情况下传递信息。中继节点越多，整个系统的速度就越快。如果使用洋葱路由来保护自己的信息，你可以把自己的电脑变成一个中继节点，为集体带来更大的利益。随着越来越多的人使用网络，洋葱路由网络和网络上的个人信息能被更好地混淆。

设计者们指出，上述对流量进行混淆的做法，极大地增强了洋葱路由的保护能力。作为运行洋葱路由的回报，"你确实可以获得更好的匿名性，以抵御某些攻击。最简单的例子是拥有少量中继节点的攻击者。他会看到来自你的连接，但他无法知道连接是来自你的计算机还是来自其他人"①。如果有人为了监视而运行洋葱路由，则代理不能读取他们传递的消息，但他们可以注意到是谁传递给他们的。如果你在洋葱路由上，而且没有运行自己的节点程序，那么他们就知道你写了给他们的信息。但是，如果你让自己的电脑作为一个节点，信息可能是你的，或者可能只是你传递给其他人的许多信息中的一条。那条信息是不是你发的？现在所有的信息都是混淆的，你写的信息在你传递的其他信息群中是安全的。简而言之，这是一种明显更复杂且更有效的方式。这种方式使特定的数据交换变得含混不清，并利用数量来阻挠流量分析。它不仅仅混淆真正的信

---

① Tor Project, "Frequently Asked Questions" (https://www.torproject.org/docs/faq.html.en#BetterAnonymity).

号,就像在袋子里搅乱的 SIM 卡那样,会产生信息发送的协调问题;它还把每一条信息都送到目的地。然而,每条信息都会使其他信息的来源变得不确定。

1.12 杂音卡带:话里有话的情报传递

在美国黑帮圈子里流传着一个"老掉牙"的梗:从前有一群黑帮分子受到美国联邦调查局的威胁和监控。为稳妥起见,黑帮头目们总会选择在浴室里密谋大计。浴室里尽是水的嘶嘶声,又有排气扇的嗡嗡声,不管是有人提前在浴室里装了窃听器,还是有人在身上戴了窃听器,都很难监听到具体的谈话内容。现在不用去浴室,直接利用混淆也能达到同样的效果,而且还能更精确、更有效地反监听。其中最典型的就是杂音卡带(Babble tapes)。[①] 有意思的是,比起黑帮分子,杂音卡带反倒是律师用得更多,因为他们担心窃听可能会侵犯"律师—当事人特权"(attorney-client privilege)。杂音卡带是一种非常复杂的数字音频文件,当人们对话时可以被直接作为背景音播放。在播放时,会有40条音轨同时运行,其中有32条为英语,有8条为其他语言。每条音轨的频率和时间都会被压缩,以便产生充满整个频谱的杂音。当然,这中间还会混杂各种机械噪声,以及成年人听不见的超

---

① State of California vs. Niroula, Case INF 064492 (I.B. Cal.) (http://cryptome.org/2012/06/babble-tape.pdf).

声波脉冲，它们被专门用来干扰窃听设备的音效自动增益控制系统，这种系统会自动以最佳方式接收音频信号。律师使用的杂音卡带中，还被预先录制了客户和律师自己的声音，这些声音会和大量其他声音混在一起，要想听出来律师会谈的内容，简直难上加难。

1.13　乌拉行动：用主动混淆对抗种族隔离

我们用一个故事来结束这一章。通过对这个故事的详细讲述，展现一个团体在复杂环境下使用混淆的真实境况。这个团体的成立，缘起于南非反对种族隔离斗争中的"乌拉行动"（Vula, Vul'indlela 的缩写，意为"开辟道路"）。这个行动是由南非境内的非洲人国民大会（African National Congress，以下简称"非国大"）的领导人策划的，旨在让当局释放在押的纳尔逊·曼德拉（Nelson Mandela）。在这场旷日持久的行动中，南非方面与曼德拉保持联系，并与世界各地的非国大特工、同志和将领协调行动。

非国大此前进行过的最大规模的一次行动在 20 世纪 60 年代初。这次行动导致曼德拉和几乎所有非国大的高层领导人被捕。"利列斯里夫农场"（Liliesleaf Farm）* 的文件被缴

---

*　利列斯里夫农场位于南非约翰内斯堡郊外，曾经是非国大的地下活动基地。在这个农场里，许多反对种族隔离政权的南非领导人和活动家在 20 世纪 60 年代秘密会晤和讨论反抗行动。——译者注

获并在法庭上被用来指控他们。这意味着，乌拉行动必须具备绝对严密的安全和隐私保护措施。事实上，在整个行动的细节于20世纪90年代被披露时，不仅南非政府和国际情报机构感到惊讶，许多非国大内部的重要领导人也感到惊讶。据说接受肾移植手术或从事故中恢复健康的人实际上已经换了新身份，偷偷潜回地下组织并返回南非，为曼德拉"开放营救之路"。考虑到来自南非内外的监视、现有非国大通信渠道可能被泄露以及全球间谍和执法机构的利益，"乌拉行动"必须使用安全的信息共享和协调方式。

乌拉行动的主要策划者之一蒂姆·詹金（Tim Jenkin）在非国大的杂志《梅伊布耶》（Mayibuye）*上讲述了这个非凡的故事。① 无论是从操作安全、间谍技术还是管理安全、网络运营方面，乌拉行动都是一个极好的例子。

要了解乌拉行动何时以及如何开始使用混淆，就得先了解其策划者所面临的一些挑战。在南非使用固定电话线

---

* "Mayibuye"源自科萨语，意为"它必须回来；愿它返回"。与之相关的梅伊布耶义是一系列抗议和示威活动，由非国大、南非印度人大会（South African Indian Congress）和非洲人民组织（African People's Organisation）领导，于1952年11月7日至8日在金伯利的第2地区盖尔舍韦附近发生。这次起义并不是孤立事件，实际上是从1952年6月开始的违抗运动的一部分。该运动的目标是在全国范围内和平违抗种族隔离政府的法律。参见https://www.kimberley.org.za/today-in-kimberleys-history-8-november/。——译者注

① Tim Jenkin, "Talking to Vula," Mayibuye, May-October 1995 (www.anc.org.za/show.php? id=4693).

时，每个固定电话线都与一个地址和一个名字相关联，最轻微的泄密都可能导致窃听和元数据分析。因此，可以从国内和海外的电话记录中拼凑出活跃分子的网络的图像。参与该项行动的特工们使用了各种编码系统，但每个系统都需要通过手工编码，这些编码工作既困难又乏味。当危机发生并且事态开始急遽变化时，人们总是想以"再次在电话里低声耳语"的方式沟通情报。这次行动必须在南非（主要是德班和约翰内斯堡）和卢萨卡、伦敦、阿姆斯特丹以及世界各地的其他地点之间无缝协调，因为特工们在不同地点流动。邮政服务缓慢且易受攻击，而加密需要大量时间，且常常容易出现疏漏，再加上不得使用家庭电话，因此要在世界各地的多个时区之间进行情报协调似乎是不可能的。

詹金知道，使用个人电脑可以使加密更快、更高效。从普利托里亚中央监狱（Pretoria Central Prison）逃脱后，他在伦敦一直潜伏到20世纪80年代中期，其间致力于为乌拉行动提供并维护所需的通信系统，该系统最终演变成一个了不起的情报网络。具体来说，加密是在个人电脑上完成的，然后将密文消息表示为快速的音调序列，记录在便携磁带机上。特工会去公共电话亭拨打伦敦号码，这个号码会被詹金改装过的答录机接听，并可录制长达5分钟的信息。特工会通过电话的话筒播放磁带。磁带的另一面记录的音调可以通过声学调制解调器在电脑中播放，然后进行解密。此外，詹金还发明了一个"外发"答录机。特工可以远程从公共电话亭拨打电话，录制信息的音调，然后在任何可以运行加密系统的电脑上进行解密。

这已经是一个非常棒的情报网络，尤其是因为它在数字化方面的大部分功能必须从零开始发明。比如，其中有一种处理错误代码的方法，被用来处理从嘈杂的电话亭通过国际电话线回放信息的噪声。然而，随着乌拉行动的不断发展和情报网络的扩大，海量的通信可能使网络不堪重负。特工们正在为解放南非的行动做准备，但这项工作并没有为他们留下太多时间去寻找接受信用卡付费的公共电话，并在那里使用磁带播放器，因为投币电话会有硬币掉落的声音，这可能会干扰信号。情报消息如潮水般不断涌来，詹金和他的同事们时常需要熬到很晚，以便及时更换磁带。但这并非长久之计。整个系统都是为了避免在南非使用已知的、私人拥有的电话线路而开发的，现在是时候用加密电子邮件来代替电话了。

为了不引起怀疑，乌拉行动需要能够在分别位于南非、卢萨卡和伦敦的计算机之间发送和接收加密情报。在20世纪80年代，即形成上述网络的同时，国际商业的大环境正好为这种"妙计"提供了掩护。正如詹金所说："敌人是否有能力确定在每天离开该国的成千上万条信息中哪些是'可疑'的？"问题是特工们需要一个会用加密电子邮件的"队友",而且这个人必须是一个没有明显的政治倾向的人,以便随时跟踪和汇报他们的加密信息是否能在整个邮件大潮中逃脱监控。詹金后来回忆说,他们需要"找到一个经常使用电脑进行海外通信的人,让他来处理这些通信"。

他们当中有一名特工是土生土长的南非人。他当时在英国电信公司担任程序员多年,即将回国。他可以在切换通信方式之前试用这个系统。特工们会假装成普通人,使用商业电子邮件提供商的服务,每天对外发送大量电子邮件,而不是定制服务器收发邮件,并依赖许多企业在他们的通信中加密。詹金回忆说:"对他这样的人来说,这是很正常的事情。"这个系统见效了,特工的信息与普通信息的流量混在一起,为公开秘密通信提供了平台,最关键的是,它还可以迅速扩展。

詹金和非国大技术委员会的另一位重要成员伦尼·普雷斯(Ronnie Press)在当时会假扮成计算机顾问,以便能够及时了解新设备和存储技术,并安排购买和运送物资到需要的地方。通过使用商业电子邮件提供商、个人电脑和袖珍电脑上的公告板服务,他们能够在南非和世界其他各地传播信息,并准备好格式完整的非国大情报以供分发。这个系统甚至载有曼德拉的信息,由他的律师将其秘密地藏在书里的隐蔽夹层中,然后输入系统。普通用户的日常活动和平淡无奇的商业地址变成一个高价值的信息渠道,将大量加密数据从伦敦转移到卢萨卡，然后转移到南非，并在该国的乌拉特工小组之间转移。这个系统的成功部分归功于历史环境，因为那时的个人电脑和电子邮件，特别是加密电子邮件虽然已经足够普遍，不会引起不必要的怀疑，但还没有普遍到会让政府建设新的、更全面的数字监控系统的程度。

在乌拉行动的最终阶段，情报网络在数字信息安全防护方面也颇有建树。它通过一个充满创新细节的复杂加密系统来保护一切秘密通信，并鼓励其用户及时更改加密密钥，保障操作的安全。它可以让特工们融入商业的喧嚣，被人群隐藏。这个实例非常好地展现了混淆在建立一个安全和秘密的通信系统中所发挥的作用。

2 其他案例

2.1 环蛛：动物中的混淆者*

一些动植物总有办法在视觉方面进行欺骗，从而隐藏自己。昆虫模仿树叶或树枝的外观；兔子利用反影色**（比如

---

* "环蛛"（Orb-weaving spider）是一类在建立圆网捕食系统方面具有显著适应性的蜘蛛。它们通常会结大型的、圆形或近似圆形的网，用于捕捉猎物。这类蜘蛛主要分布在温带和热带地区。环蛛是蜘蛛中较为常见的一类，它们大小和形态各异，但通常都有圆形的腹部和长腿。它们结的网通常由多条较厚的支撑线和螺旋状的黏附线组成，用于捕捉飞行中的昆虫等小型猎物。——译者注

** "反影色"（Countershading）是一种生物学上的保护色彩。这种颜色的特点是上部通常比下部颜色深，以产生一种阴影效果，使动物看起来平坦而不突出，从而提供一种伪装保护。腹部的白色是一种特殊的反影色，被称为"white bellies"，其作用是让动物更难被掠食者发现。由于光线通常从上方或正上方射入，造成下面的阴影，因此动物在反射色彩时会根据周围环境的颜色选择相反的颜色，以使自己更难被发现。这就是为什么很多海洋动物的背部是深色的而腹部是白色的。许多动物有反影色，包括海洋哺乳动物、鸟类、鱼类和爬行动物等。有些动物也会使用其他类型的保护色彩，如伪装和拟态，以保护自己免受掠食者的攻击。——译者注

它们白色的腹部)来消除自身形状与轮廓,避免老鹰能够轻易地发现和攻击自己;蝴蝶翅膀上的斑点模仿食肉动物的眼睛。

在动物世界中,环蛛家族中典型的混淆者当属穆迈蛛(Cyclosa mulmeinensis)。① 这种蜘蛛面临着一个特殊的问题:它们为了捕捉猎物而织结的网必须在一定程度上被暴露出来,但这使蜘蛛更容易受到黄蜂的攻击。而混淆是一个可行的解决方案:它们用猎物的残骸、落叶和蜘蛛丝制作自己的替身。从黄蜂的角度来看,这些替身与蜘蛛的大小、颜色和反射质感相同,聪明的蜘蛛还将这些诱饵放置在蜘蛛网周围。这就降低了蜘蛛被黄蜂袭击的可能性,并给蜘蛛足够的时间逃脱险境。

2.2 虚假订单:利用混淆攻击竞争对手的业务

使渠道变得更嘈杂的混淆目标不仅可以用于隐藏重要的流量(见前文"维基解密"),还可以通过增加渠道的成本来提高组织的成本,继而提高业务的总体成本。替代出租车的公司 Uber 就提供了实践这种方法的例子。

提供类似出租车和汽车服务的市场正在快速增长,客户和司机的竞争都很激烈。Uber 专门拿出丰厚的奖金挖竞争对手的司机,这些司机只要来参观 Uber 公司的总部就能拿到钱。在

---

① Ling Tseng and I.-Min Tso, "A Risky Defence by a Spider Using Conspicuous Decoys Resembling Itself in Appearance," Animal Behavior 78, no. 2 (2009): 425-431 (doi:10.1016/j.anbehav.2009.05.017).

纽约，Uber 针对其竞争对手 Gett 采取了一种特别激进的策略，即利用混淆技术招募 Gett 的司机。① 在几天时间内，几名 Uber 的员工从 Gett 订车，然后在 Gett 的司机到达之前立刻取消这些订单。这些无效订单的涌入使 Gett 的司机在不断地赶路，从而无法获得报酬，也无法完成许多真实乘客的出行订单。在"飞单"数次后，Gett 的司机就会收到来自 Uber 的短信：Uber 可以给钱让他换工作。Uber 的虚假请求有效地混淆了真正的乘车请求，降低了 Gett 的工作的价值。有意思的是，共享乘车公司 Lyft 声称 Uber 对其司机进行了类似的混淆攻击。

2.3 雷达诱饵：击败雷达探测器

混淆在法国政府对付雷达探测器的策略中起到一定的作用。② 当警察在司机附近使用测速雷达时，雷达探测器会向司机发出警告。一些雷达探测器还可以显示雷达枪相对于用户车辆的位置，并借此帮助驾驶员避免超速罚单。

从理论上讲，罚单是针对超速和危险驾驶的一种威慑措

---

① Rip Empson, "Black Car Competitor Accuses Uber DDoS-Style Attack; Uber Admits Tactics Are 'Too Aggressive'", TechCrunch, January 24, 2014 (http://techcrunch.com/2014/01/24/black-car-competitor-accuses-uber-of-shady-conduct-ddos-style-attack-uber-expresses-regret/).

② "Le Gouvernement Veut Rendre les Avertisseurs de Radars Inefficaces," Le Monde, November 29, 2011 (http://www.lemonde.fr/societe/article/2011/11/29/les-avertis-seurs-de-radars-seront-bientot-inefficaces_1610490_3224.html).

施。但实际上，它们成为地方警察局和政府的一种隐蔽的收入来源。出于这两个原因，警察非常积极地打击雷达探测器。

据估计，有 600 万名法国司机拥有雷达探测器。因此，监管甚至禁止雷达探测器显然不现实，把这么多普通公民变成罪犯似乎也不太明智。在无法勒令禁止使用雷达探测器的情况下，法国政府采取了混淆策略，即在交通繁忙的区域部署了一系列测速设备，触发雷达探测器的警告信号，而不实际测量行驶速度。这些设备实际上通过不断增加的检测警报声对探测器加以干扰。其中一个设备可能真的在测速，但是到底是哪一个呢？司机要么冒吃超速罚单的风险，要么在如洪水般的警报声中松开油门。不管人们对交通警察或超速驾驶者有什么看法，市民安全出行的目标已经实现了。这个案例的有趣之处在于，当事人并没有破坏对手的设备，而是通过让它们的功能无从发挥来实现目的。

2.4 "喋喋广告"插件 * ：点击所有的广告

"喋喋广告"（AdNauseam）是一款浏览器插件，其策略类

---

* "喋喋广告"的原文为 AdNauseam，也作 AdNauseum，是拉丁语短语，意为"到恶心为止"。它用来形容某件事情被无止无休地重复、讨论或强调，以至于变得令人厌烦或厌恶。这个短语通常用于表达对某种行为或观点的不满或不耐烦。AdNauseam（或 AdNauseum）用来形容过度重复或过度强调某事物，表达了对这种行为的不满或厌烦。参见 https://www.scribbr.com/definitions/ad-nauseam/。——译者注

似法国的雷达诱饵,即通过点击其用户访问的所有网页上的所有横幅广告,抵制"行为广告"(behavioral advertising)的在线监视。与Ad Block Plus插件配合使用后,"喋喋广告"插件会在后台点击所有被阻止的广告,同时记录对用户感兴趣的广告的详细信息。

"喋喋广告"插件的创意源于一种无助感:人们无法阻止通过广告网络进行的无处不在的跟踪,也无法理解构成其社会与技术的后端的复杂机构和技术。它们既包括网页cookies、网页信标(beacons)、浏览器指纹识别,也包括各类基于上述各项数据而生存的广告网络和分析公司。虽然可以通过"不跟踪"(Do Not Track)技术标准寻找一些折中方案,但这些方案基本也被定向广告背后强大的政治经济势力阻止。在这种没有妥协可言的环境中,"喋喋广告"插件应运而生。它的设计灵感来自对主流商业模式的细微洞察,该模式向潜在的广告商收取溢价,以匹配对其产品感兴趣的观众。还有什么比点击特定广告更有说服力的证据呢?将点击广告与其他数据流结合起来,就可以建立被跟踪用户的个人档案。甚至,点击有时也构成向广告网络和广告托管网站支付费用的基础。像法国的雷达诱饵一样,"喋喋广告"插件并不是破坏跟踪点击的能力,而是通过自动生成的点击来混淆真实的点击,从而降低这些点击的价值。

2.5 报价堆积：令人困惑的算法交易策略

"报价堆积"一词被用于描述在股票交易所出现的异常活动，这些活动似乎是为了获得对交易所上的竞争对手具有误导性的交易数据。在高频交易（HFT）这个高度专业化的领域，算法可以利用人类无法分辨的微小时间差和价格差异，比人类更快地进行大量交易。时间一直是交易中至关重要的因素，特别是在高频交易中，千分之一秒就可以决定盈亏，因此出现了用复杂的策略来加速自己的交易并阻碍竞争对手的操作。市场行为分析师最先注意到高频交易活动的异常。大约在2010年夏季，对某只股票的报价请求突然爆发，有时一秒钟就有数千个报价。这种行为在经济方面似乎缺乏合理的根据，但最有趣和最有可能的一种解释是：这些突发事件其实是一种混淆。一位股市老手这样解释这种现象："如果你能短时间内产生大量的报价，那你的竞争对手必须谨慎处理，但你可以直接忽略，从而获得宝贵的做单时间。"[1]

以冗余报价的形式掩盖真实目的，以便自己可以准确评估正在发生的事情，同时让竞争对手的评估变得更加困难和耗时。他们创造了一个只有他们自己能够看穿的障眼法。如果是在普通的股票交易中，这种混淆第一眼就会让人觉得假，也没

---

[1] "Analysis of the 'Flash Crash' Part 4, Quote Stuffing," Nanex, June 18, 2010 (http://www.nanex.net/20100506/FlashCrashAnalysis_Part4-1.html).

有必要实时跟单,因此根本骗不了分析师或者分散他们的注意力。但在高频交易的亚秒级世界中,仅仅是观察和处理活动所需时间的长短就可以决定一切输赢。

如果使用"报价堆积"的行为继续被推广,可能会威胁到股票市场作为一个工作系统的完整性,因为它会通过消耗带宽,使股票交易所依赖的物理基础设施被成千上万无用的报价淹没。之前那位老手继续补充道:"这是一个令人极其不安的发展势头,因为随着越来越多的高频交易系统开始这样做,报价堆积拖垮整个市场只是时间问题。"①

2.6 交换会员卡:对干扰购物模式的分析

长期以来,杂货店在数据处理技术方面一直处于前沿。相对无害的"会员卡"(loyalty card)项目被用来吸引回头客,从非会员身上赚取额外的利润,并帮助原始的数据项目,如按邮政编码组织直接邮寄。绝大多数杂货店和连锁店都将数据分析业务外包给了 ACNielsen、Catalina Marketing 和其他几家公司。② 虽然这些做法最初被认为是零星发生的无害行为,但一些事件改变了人们的看法,使用会员卡这一行

---

① "Analysis of the 'Flash Crash' Part 4, Quote Stuffing," Nanex, June 18, 2010 (http://www.nanex.net/20100506/FlashCrashAnalysis_Part4-1.html).

② Joab Jackson, "Cards Games: Should Buyers Beware of How Supermarkets Use 'Loyalty Cards' to Collect Personal Data?" Baltimore City Paper, October 1, 2003 (http://www.joabj.com/CityPaper/031001ShoppingCards.html).

为从无害和有益变为有点邪恶。1999 年，在洛杉矶的一家超市发生的一起滑倒事故引发了一场诉讼，这家连锁超市的律师威胁称要向法庭披露受害者的酒类购买历史。[1] 多年来，这一系列类似案件引发了公众越来越强烈的怀疑。他们想象中的所谓的会员卡服务除了折扣返现还可以另有他用，会员卡交换网络随即也发展起来。人们分享会员卡以便混淆购买习惯。分享会员卡的行为最初是在临时的线下聚会进行，然后在邮件列表功能和在线社交网络的帮助下，分享行为越来越多地在人口众多的地区进行。例如，罗布（Rob）的"巨人积分卡碰头会"（Giant Bonus Card Swap Meet）就是从这样一个想法开始的：一个共享条形码的系统可以让华盛顿地区的连锁超市"巨人超市"（the Giant）的顾客打印出其他顾客的条形码，然后将这些条形码粘贴到他们的卡片上。[2] 类似地，"终极购物者"（Ultimate Shopper）项目会制作并分发印有"西夫韦"（Safeway）会员卡条形码的贴纸，从而创造一支"克隆会员大军"，他们的购物数据将被积累。[3] Cardexchange.org 则致力于通过邮件交换会员卡。作为一种群体活动，会员卡的交换构成了混淆：愿意共享自己的会员卡的人数越多，并且会员卡的传播距离越远，数据就会变得越"离谱"。

---

[1] Robert Ellis Smith, Privacy Journal, March 1999, p. 5.
[2] http://epistolary.org/rob/bonuscard/, accessed October 25, 2010.
[3] "The Ultimate Shopper," Cockeyed.com, last updated December 11, 2002 (http://www.cockeyed.com/pranks/safeway/ultimate_shopper.html).

卡片交换网站还会举办讨论活动并发布新闻文章和论文，探讨不同的会员卡的混淆方法以及它们引发的一些伦理问题。人们担心卡片的交换会对商店产生负面影响，因为这会降低可用于他们和其他人的数据的质量。值得注意的是，这种影响取决于卡片的套餐功能和交换卡片的方法。例如，在家庭成员或朋友之间共享会员卡虽然可能导致失去许多个人级别的数据，但仍可能提供有关购物事件或地理区域内的产品偏好的一些有用信息。以邮政编码、社区或地区为尺度的数据的价值远非微不足道。从混合的数据中反倒可以推断出更多的消费模式。

2.7　比特洪流：伪造请求阻止地址收集

"比特洪流"（BitTorrent Hydra）是一个现已停止服务但非常值得一提的项目，它通过混合对文件的部分字段的真实请求和虚假请求来抵制反文件共享利益集团的监视。BitTorrent 协议将文件分成许多小"块"，并允许用户通过同时发送和接收这些"块"来共享文件。[1] 与从其他用户那里下载整个文件不同，用户可以从任何拥有这些"块"的人那里获取文件。这种

---

[1] 关于 BitTorrent 的一个有些技术性但容易理解的概述，包括对追踪器的清晰解释，参见 Mikel Izal, Guillaume Urvoy-Keller, Ernst W. Biersack, Pascal Felber, Anwar Al Hamra, and Luis Garcés-Erice, "Dissecting BitTorrent: Five Months in a Torrent's Lifetime," Passive and Active Network Measurement 3015 (2004): 1-11 (doi: 10.1007/978-3-540-24668-8_1)。

多人共享"块"的方法加快了各种文件的共享过程,并迅速成为传输大文件(例如,包含电影和音乐的文件)的首选方法。① 为了帮助 BitTorrent 的用户组装所需的文件,"种子追踪器"(torrent tracker)记录正在发送和接收文件的 IP 地址。例如,如果你正在寻找某个文件的某些块,种子追踪器会指向拥有你所需块的用户的地址。为了查找、阻止甚至起诉侵犯其知识产权的人,内容行业的代表开始运行自己的追踪器收集未经授权的上传者和下载者的地址。比特洪流插件通过将以往用于 BitTorrent 的随机 IP 地址添加到种子追踪器找到的地址集合来对抗这种跟踪。如果你请求了文件的某些"块",那么你会被定期引导到一个没有你所需"块"的用户那里。虽然对整个系统来说这样做会稍微降低一些效率,但它大大提升了版权执法者收集地址的难度。这些地址可能属于实际参与者,也可能是插件插入的虚假地址。比特洪流重新引入了对文件共享下载的不确定性,降低了人们被意外起诉的可能性。与试图销毁对手的日志或隐藏 BitTorrent 流量相比,插件提供了一个"我是斯巴达克斯"的防御策略,因为虽然它并没有规避数据收集,但通过降低数据收集行为的可靠性,它对任何具体的调查结果都可以提出质疑。

---

① Hendrik Schulze and Klaus Mochalski, "Internet Study 2008/2009," Ipoque (http://www.christopher-parsons.com/Main/wp-content/uploads/2009/04/ipoque-internet-study-08-09.pdf).

2.8 拐弯抹角的说辞：语言表达的混淆

根据杰奎琳·伯克尔（Jacquelyn Burkell）和亚历山大·福蒂尔（Alexandre Fortier）的研究，健康信息网站的隐私政策在描述网站的跟踪、监测和数据收集行为时使用了特别模棱两可的语言结构。① 条件动词（如"可能"）、被动语态、名词化、时间副词（如"定期"和"偶尔"），以及对定性形容词的使用（如"小数据块"）都是伯克尔和福蒂尔发现的语言结构。尽管这种形式的混淆看起来很微妙，但它在操作上与我们已经描述过的其他形式非常相似：模糊的语言产生了许多可能不确切的混淆语态，并且代替了具体的、虚假的否认（如"我们不收集用户信息"）或确切的承认。例如，"某些信息可能会被被动地收集，以将该网站的使用与第三方提供的其他网站使用信息相连接"这句话将一个网站如何处理某些信息的细节置于一堆可能的解释之中。

这些书面表达的"小九九"超越了混淆本身，使讨论进入了更普遍的晦涩语言和"狡辩之词"（weasel words）的领域。②

---

① Jacquelyn Burkell and Alexandre Fortier, "Privacy Policy Disclosures of Behavioural Tracking on Consumer Health Websites, Proceedings of the American Society for Information Science and Technology 50, no. 1 (May 2014): 1-9 (doi: 10.1002/meet.14505001087_.

② Viola Ganter and Michael Strube, "Finding Hedges by Chasing Weasels: Hedge Detection Using Wikipedia Tags and Shallow Linguistic Features," in Proceedings of the ACL-IJCNLP Conference Short Papers, 2009 (http://dl.acm.org/citation.cfm?id=1667436).

然而，为了说明混淆的范围，混淆语言的风格是有用的：与其在一份文件中直截了当地否认事实，还不如让谁在做什么变得令人困惑和不清不楚。

2.9　杂乱无章的文风：狙击语言风格分析

通过文本中的多少内容可以识别出它是某个作者的而不是其他人的作品？"文体学"（Stylometry）*仅用语言风格的元素就可判断出匿名文本的实际作者。它不必考虑只有某个人才会知道某些事情的可能性，也不必考虑发布到在线论坛的帖子、其他外部线索（如 IP 地址）或时间。它考虑句子长度、词语和语法的选择、格式和用法的个性、地方用语和反复出现的排版错误。正是文体分析的帮助才能解决《联邦党人文集》的匿名作者争议（例如，从对"while"与"whilst"的使用方面区分了亚历山大·汉密尔顿和詹姆斯·麦迪逊的风格）。文

---

* "文体学"（Stylometry）是一门研究文本样式和特征的学科。它主要关注文本的风格、语言的使用和特定作者的写作特征。通过分析文本的各种属性，如词汇选择、句法结构、篇幅、标点符号和语法规则等，可以对文本进行风格分析。利用计算机和统计方法，研究者可以量化和比较不同作者的文本风格，从而尝试确定文本的作者身份或识别匿名作者。文体学在许多领域都有应用，包括文学研究、法律和语言学。它可以用于鉴定作者。例如，确定匿名作品的真实作者，或验证历史文本的作者。此外，文体学还可以用于计算机安全领域，帮助识别网络上的恶意作者或检测抄袭行为。通过使用文体学的技术和方法，研究人员可以揭示文本之间的相似性、作者的写作风格和独特的语言特征，从而为文本分析和作者研究提供有价值的工具和见解。——译者注

体学在法律背景下的实用性现已得到很好的证实。①

给定少量文本，文体学可以识别出作者。我们指的是很少量——根据乔苏拉·拉奥（Josyula Rao）和潘卡吉·拉唐基（Pankaj Ratangi）的说法，与如电子邮件、社交网络帖子或博客文章等已知的文本语料库一起对比，一个包含约6500个单词的样本足以达到80%的成功识别率。② 在日常使用计算机的过程中，许多人在几天内就能写出6500个单词。

即使目标不是从大量已知的个体中识别出特定作者，文体学也可以发现对于监视目的有用的信息。技术活跃分子丹尼尔·多姆沙伊特-伯格（Daniel Domscheit-Berg）回忆说，当时他意识到，如果维基解密发布的新闻、泄露的摘要和其他公共文本能经过文体学分析，就会发现只有伯格和朱利安·阿桑奇（Julian Assange）两个人在负责张罗所有这些文本，而不是阿桑奇和伯格试图暗示的那样，有一大群不同的志愿者在帮忙维护维基解密。③ 文体学分析可以提供一种比其他手段更准确的匿名识别手段，这种手段直接将作者的

---

① David I. Holmes and Richard S. Forsyth, "The Federalist Revisited: New Directions in Authorship Attribution," Literary and Linguistic Computing 10, no. 2 (1995): 111–127 (doi: 10.1093/llc/10.2.111).

② Josyula R. Rao and Pankaj Rohatgi, "Can Pseudonymity Really Guarantee Privacy?" in Proceedings of the 9th USENIX Security Symposium, 2000 (https://www.usenix.org/legacy/events/sec2000/full_papers/rao/rao_html/index.html).

③ Daniel Domscheit-Berg, Inside WikiLeaks: My Time With Julian Assange at the World's Most Dangerous Website (Crown, 2011).

范围缩到少数几个人,从而更好地进行针对性调查。

混淆可以使公共文本的特征变得混乱,并干扰将该文本与特定作者联系起来过程。文体学混淆也具有独特性,因为它的成功更容易得到验证,而其他许多混淆的效果可能高度不确定,或者只有不吃这一套的对手才知道如何破解。

破解文体学分析的三种方法为混淆提供了有用的见解。前两种方法直观而简单,比如使用与自己平常风格不同的写作风格。它们的弱点突显了使用混淆的价值。

翻译攻击是指利用机器翻译将文本翻译成多种语言,然后再将其翻译回原始语言——这是一种"电话游戏"(game of Telephone)。这样做可能会使作者的风格充分混淆,防止被识别出其真实身份。[1] 当然,这也会使文本缺乏连贯性且没有太多价值。同时,随着翻译工具的改进,它在去个性化方面可能会做得不够好。

在模仿攻击中,原作者故意以另一作者的风格来撰写文档。经过研究,这种方法的弱点已经被巧妙地暴露出来。[2] 你可以使用识别文本作者的系统,来确定两份文本之间最显著的作者身份识别符,然后从分析中排除该识别符,并接着寻找下一个最显著的识别符,不断重复相同的排

---

[1] Rao and Rohatgi, "Can Pseudonymity Really Guarantee Privacy?"
[2] Moshe Koppel and Jonathan Schler, "Authorship Verification as a One-Class Classification Problem," in Proceedings of the 21st International Conference on Machine Learning, 2004 (doi: 10.1145/1015330.1015448).

除过程。如果文本真的出自不同作者之手，那么这种方法的准确性下降得比较缓慢，因为除了那些明显的差异，还有许多细碎、不太显眼的不同。但如果两份文本都出自同一作者，其中一份文本是作者本人模仿另一个人的语言风格写的，那么准确性就会大打折扣，因为在明显特征的掩护之下，基本的相似性是难以改变的。文体学分析的混淆攻击方式，则是用一种没有特点的风格进行写作。

研究人员对文本的"浅层"和"深层"混淆进行了区分。"浅层"混淆只改变了一小部分最明显的特征。例如，对"while"或"whilst"的使用偏好。为了保护作者的利益，"深层"混淆则采用能够识别文体模仿的分类器算法。这种方法可以为编辑文本的作者提供实时反馈，识别文本中最明显的特征，并给出具体的修改建议。通过复杂的转写来降低文体学分析的准确性。它可以将平平无奇的语言风格变成一种工具，使"真正的"作者得以融入大量有着类似写作风格的人群。

Anonymouth[*]————款正在开发中的工具，是实现这种方法的重要一步。它可以生成统计学意义上的那种平淡无奇

---

[*] Anonymouth 是由马萨诸塞大学阿默斯特分校安全与隐私研究实验室（Security and Privacy Research Lab at UMass Amherst）开发的一个开源工具，研究人员和开发者可以根据自己的需求和研究目标对其进行定制和扩展。该工具使用自然语言处理和机器学习技术来识别和分析文本中的敏感信息，例如人名、地址、社交安全号码等。通过分析文本，Anonymouth 可以提供关于隐私风险的度量和评估，帮助用户了解他们发布的文本中可能会泄露的个人信息。——译者注

的散文，在类似写作的语料库中实现混淆。① 可以想象一下，在 2011 年的电影《极速驾驶》（Drive）中为逃亡司机提供的汽车：一辆银色的新型雪佛兰"黑斑羚"（Impala）轿车。这是加州最受欢迎的汽车，机械师承诺"没有人会注意到你"。② 虽然这很巧妙，但我们不禁担心这样一个未来，即政治宣言和重要文件会力求使用大量的修辞和平庸的文体；并且我们应该会失去下一个托马斯·佩因（Thomas Paine），无法再听见有人发出振聋发聩的呼吁——"这是试炼人心的时代"。

2.10 代码混淆：骗人，不骗机器

在计算机编程领域，"混淆代码"这个词有两个相关但不同的含义。第一个含义是"把混淆作为保护手段"，即混淆使代码难以被人类读者理解，或者难以被各种形式的"反汇编算法"解析，从而防止代码被复制、修改甚至篡改。此类逆向工程的经典示例如下：微软发布一个补丁来更新 Windows 计算机系统以增强安全性。黑客获取该补丁并查看其代码，以便找出补丁所应对的漏洞，并且他们随后利用观察到的漏洞进行攻击。第二个含义是指一种艺术形式，即编写人类难以理解但最终能够执行常规计算任务的代码。

---

① 关于匿名者的讨论，参见 https://www.cs.drexel.edu/~pv42/thebiz/ 和 https://github.com/psal/anonymouth。
② Drive, directed by Nicolas Winding Refn (Film District, 2011).

简单来说，经过混淆处理的程序将具有与以前相同的功能，但对人类来说更难分析。这样的程序表现了混淆的两个特征：一个是类别，另一个是概念。首先，它在限制条件下运行。混淆代码是因为人们可以看到你的代码，而混淆作为保护手段的目标是降低分析效率。正如在实验研究中所发现的，无论出于什么原因，缩小新手和熟练分析人员之间的差距至少需要所需时间增加一倍，并使易受攻击的系统的威胁特征更接近更难攻击的系统。① 其次，混淆程序的代码使用了其他形式的混淆所熟悉的策略：增加看似显著的无用信息；包含必须加以考虑的额外变量；使用任意或故意混淆的名称表示代码中的东西；将故意被混乱的指令（本质上是"跳到第 x 行，执行 y"）纳入代码，这些指令可能导致代码在跑起来时进入死胡同或走弯路；以及其他各种形式的混淆。在保护模式下，代码混淆更像一个减速带，用于延长分析和破译的时间。最近，相关工作的一些进展可以大大增加去除混淆的难度和所需的时间。我们将在下面详细讨论它们。

在艺术、美学形式中，代码混淆通过反直觉、令人困惑的方法实现目标并使自身跻身该领域的研究前沿。尼克·蒙

---

① Mariano Ceccato, Massimiliano Di Penta, Jasvir Nagra, Paolo Falcarin, Filippo Ricca, Marco Torchiano, and Paolo Tonella, "The Effectiveness of Source Code Obfuscation: An Experimental Assessment," in Proceedings of 17th International Conference on Program Comprehension, 2009 (doi: 10.1109/ICPC.2009.5090241).

特福特（Nick Montfort）相当详细地描述了这些实践。① 例如，由于 C 语言解释变量名称不同，程序员可以编写包含字符 o 和 0（零）的代码以欺骗人的分析，但不会影响机器执行代码。这些模式略微超出了我们对"混淆"的定义，但它们有助于说明混淆的基本问题：如何将一个容易被审查的东西变得模糊不清，并让其充满了假线索、错误身份和未达预期的结果。

代码混淆，就像文体学一样，可以被精确地分析、测试和优化。混淆一开始是为任务争取时间窗口和使破解代码的任务更加困难而准备的，但它的功能正在从这些有限的范围扩展到更接近实现完全不透明。桑贾姆·加格（Sanjam Garg）和其同事最近发表的一篇文章将代码混淆从"减速带"变成"铜墙铁壁"。多线拼图技术可以将代码拆开，使其像拼图一样被"拼在一起"。虽然有许多排列方式，但只有一种排列方式是正确的，这种方式代表了代码的实际运算逻辑。② 程序员可以创建一个简洁、清晰、易读的程序，将其在混淆器中运

---

① See Michael Mateas and Nick Monfort, "A Box, Darkly: Obfuscation, Weird Languages, and Code Aesthetics," in Proceedings of the 6th Annual Digital Arts and Culture Conference, 2005 (http://elmcip.net/node/3634).
② Sanjam Garg, Craig Gentry, Shai Halevi, Mariana Raykova, Amit Sahai and Brent Waters, "Candidate Indistinguishability Obfuscation and Functional Encryption for all Circuits," in Proceedings of IEEE 54th Annual Symposium on Foundations of Computer Science, 2013 (doi:10.1109/FOCS.2013.13).

行，生成一些难以理解的代码。这些代码比之前更能经受住审查。

作为混淆领域中的一个活跃、丰富的议题，代码混淆似乎正在朝着成为相对容易使用但极难被击败的系统的方向发展，它甚至还能适用于硬件。比如，杰亚维贾扬·拉金德兰（Jeyavijayan Rajendran）和他的同事正在利用电路中的组件创建"逻辑混淆"，以防止芯片的功能通过反向工程被破译。①

2.11 凭空失踪：虚假的个人数据

失踪问题领域的专家有很多东西可以教给那些想要混淆视听的人。这些专家中有很多人是私人侦探或"逃亡追踪者"，他们专门开展寻找逃犯和债务人的业务，或者反向剖析自己的工作流程，以帮助客户保持失踪的状态。显然，他们使用的许多技术和方法与混淆无关，而仅仅是逃避或隐藏。例如，创建一个公司来租用你的新公寓或支付你的各种账单，以便使你的姓名不会与那些常见且可公开搜索到的活动联系起来。然而，针对社交网络和在线存在（online presence）的普及，失踪问题专家提倡采用利用各种虚假信息混淆视听的方法。用失踪问题顾问弗兰克·埃亨（Frank Ahearn）的话来

---

① Jeyavijayan Rajendran, Ozgur Sinanoglu, Michael Sam, and Ramesh Karri, "Security Analysis of Integrated Circuit Camouflaging," presented at ACM Conference on Computer and Communications Security, 2013 (doi: 10.1145/2508859.2516655).

说,"虚假的个人"可以被大量制造并被具体化,从而"掩盖"可能突然在网页搜索结果中出现的既有个人信息。① 这需要创造几十个同名同姓、基本特征相同的虚拟人,其中一些人拥有个人网站,一些人拥有社交网络账户,且所有虚拟人都是间歇性活跃的。对于那些想要逃离跟踪者或被配偶虐待的客户,埃亨建议同时制造大量可能会引导调查人员进行追踪的虚假线索。例如,一份在城市租赁公寓的信用审查报告,尽管实际上你并没有真的签订租约;在全国或全世界随机申请水、电、煤气等基础设施服务,工作地址和电话号码;开设一个有固定存款的支票账户,并将借记卡交给旅行者用于支付在偏远地区产生的费用。失踪专家建议从对方已知的细节着手:目标不是让某人"完全消失",而是让他远离人们的视线,从而耗尽搜寻者的预算和资源。

2.12 克隆苹果手机:污染用户画像

2012年,苹果公司从Novell购得一项名为"污染电子画像技术"(Techniques to Pollute Electronic Profiling)的8205265号美国专利,这项专利是大型专利组合中的一部分。② 这是

---

① From an interview with Ahearn: Joan Goodchild, "How to Disappear Completely," CSO, May 3, 2011 (http://www.csoonline.com/article/2128377/identity-theft-prevention/how-to-disappear-completely.html).
② Stephen Carter, "United States Patent: 20070094738 A1—Techniques to Pollute Electronic Profiling," April 26, 2007 (http://www.google.com/patents/US20070094738).

一种在不影响服务质量的前提下进行数据监控的管理的技术，其实现方式与我们之前描述的若干种混淆有相似性。这种"克隆服务"能够自动且有效地生成有误导性的个人信息，其主要目标是成为在线数据收集者，而非私人侦探。

"克隆服务"会监测个人的活动，收集个人的可信生活细节和兴趣，并将之构造成一个合理的形象。在用户的要求下，该服务会构建一个克隆身份，使用被提供的标识符进行身份验证，从而使这个克隆身份代表一个真实的人。这对于社交网络很有效，但对于更严谨的观察者可能不够。这些标识符可能包括少量真实的机密数据。例如，发色或婚姻状况等生活细节会被故意混在大量有误导性的信息中。克隆身份从其初始数据集开始，获取一个电子邮件地址（通过该地址发送和接收消息）、一个电话号码（许多在线呼叫服务可以提供电话号码，只需支付少量费用），以及语音邮件服务。克隆身份可能有独立的资金来源，如礼品卡或与定期充值的固定账户绑定的借记卡，从而使其能进行小额交易。克隆身份甚至可能还会有邮寄地址或亚马逊储物柜，这两项都能证明"真有其人"。这些身份标识符可能会添加一些由用户指定的兴趣，并通过抓取社交网站等方式获得的现成数据进行补充。比如，如果用户在设定克隆身份时，从下拉菜单中选择该克隆身份是美国人，且对摄影和野营感兴趣，系统会推断出"他"应该对安塞尔·亚当斯（Ansel Adams）的作品感兴趣。与"混淆搜索"插件类似,克隆服务可以使用搜索引擎、点击链接、浏览页面,甚至购买和创建账户。例如,订阅一个专门提供野外探险交易的邮件列表,或关注国家地理的推特账户。这些兴趣可能会反映用户的实际兴趣。例如,根据用户的浏览历史进行推断,但可能会逐渐偏离这些兴趣。当然,你也可以在克隆的个人资料中添加适当的人口统计学信息,通过自动选择和行为选择使其具有典型的特征,甚至可以平衡自我认知的独特性,这也是一种可能的策略,而且一切都是基于实际数据进行的。

在进行了一些简单的分析之后,克隆服务也可以模仿一个人的生活节奏和习惯。如果你在周末、晚上和节假日通常都不在线,则另一个"你"也会这样做。它不会持续运行。如果你需要赶飞机,你可以命令它停止运行,以免对手轻易推断出哪些活动并非来自你本人。当你恢复活动时,克隆服务也会恢复。当然,你也可以选择你的克隆身份不会参与的活动类别,以免你的"分身"盗用一些媒体内容、开始搜索如何制造炸弹,或者观看色情内容,除非他们必须这样做以保持可信度。毕竟让所有的克隆身份都是清白无辜、深思熟虑的网络用户,只对历史、慈善和食谱感兴趣,反而会引起怀疑。我们从讨论单一克隆身份转为讨论多个克隆身份的原因是,一旦一个克隆身份开始运行,就会出现许多其他克隆身份。事实上,想象一下这样一个"博格斯安式的笑话"（Borgesian joke）：一个足够复杂的克隆身份，在了解你的人生经历、人口统计特征和生活习惯后，开始创造出它们自己的克隆身份。扩大这个可能的自我群体，日复一日地过着可能属于你的生活，这对你来说是有利的。这实现了专利的基本目标：你的克隆身份不会躲避或拒绝数据收集，但在配合收集的过程中，他们会污染被收集的数据，从而降低从这些数据中创建的用户画像的价值。

2.13 漩涡游戏： cookie 也能混淆

《漩涡》（Vortex）这款由艺术家、设计师以及程序员蕾切尔·劳（Rachel Law）[①] 开发的概念验证游戏，融合了教育与娱乐两大功能：一方面，它教玩家理解在线过滤系统如何塑造他们的互联网体验；另一方面，它混淆和误导基于浏览器 cookies 和其他识别系统的定向广告。这款游戏以吸引和娱乐玩家为宗旨，使玩家可以亲身参与到那些看似枯燥和抽象的基于 cookie 的定向广告主题中，是一个极好的平台。换句话说，这款大型多人在线游戏让玩家可以管理和交换个人数据，其主要任务是"挖掘"网站上的 cookies 并与其他玩家进行交换。游戏有两种状态：在一种状态下，它表现为浏

[①] Rachel Law, "Vortex" (http://www.milkred.net/vortex/). Much of the detail in this section is based on conversation with Law and on her presentation in the Tool Workshop Sessions at the Symposium on Obfuscation held at New York University in 2014.

览器书签栏中的几个彩色编码按钮,允许你积累并且在不同的 cookie 之间切换,从而有效地模拟不同的身份;在另一种状态下,它将网站描绘成一个类似行星的物体,供玩家挖掘更多不同的 cookies。这个景观设计的灵感,来自极受欢迎的探索和建造游戏《我的世界》(Minecraft)。

另外,玩家在游戏中可以通过生成、收集以及与其他玩家交换 cookies 的方式,进行身份的切换和伪装,并体验不同的网络环境、不同的过滤方式以及不同的在线身份。这使定向广告成为一种选择:你可以切换到呈现你不同性别、不同种族、不同职业和不同兴趣的 cookies,将广告和"个性化"细节转化为背景噪声,而不是分散注意力和操纵行为的工具,以摆脱营销人员对你身份的刻板印象。在《漩涡》中,你可以用众多的身份来体验网络,使你的任何记录都能转化为一个与你本人实际关联极小的肖像。在一个值得信赖的朋友圈中,你甚至可以共享账户 cookies,购买在你所在地区禁运的东西,例如只有特定国家的观众才能获得的视频流服务。《漩涡》让玩家将在线身份变成一种类似在线角色扮演游戏的选项库,通过不断地切换身份,破坏自己被算法跟踪、记录和统计的过程。相比放弃或隐藏 cookies 与个性化带来的便利,《漩涡》允许玩家以一群人的身份存在,同时也可以将自己的身份共享给其他人。

2.14 在线身份的价值:"贝叶斯泛滥"和"反推销"

2012年,开发人员兼企业家凯文·勒德洛(Kevin Ludlow)解决了一个常见的混淆问题:对脸书隐藏数据的最佳方法是什么?① 简而言之,删除数据从来没有完美的方法。对许多用户来说,从社交网络中大规模撤出是不现实的。勒德洛的回答现在对大众来说,已经耳熟能详了。

"与其试图从脸书上隐藏信息,"勒德洛写道,"不如只用过量的信息来淹没它。"勒德洛的"贝叶斯泛滥"实验(灵感来自一种统计分析形式)需要在几个月的时间里将数百个生活事件输入他的"脸书时间轴"。这些事件加起来相当于一部三卷本的小说。他结过婚,又离过婚,与癌症作过斗争(还是两次!),摔折过无数根骨头,有过孩子,在世界各地生活过,试着信奉过十几种宗教,为许多外国军队作战过。勒德洛并不指望有任何人会相信这些故事;相反,他的目的是通过现在的广告所反映出的不准确的猜测,在使用脸书时产生一种不那么有针对性的个人体验。这也是一种抗议,反对嵌入广告本身和网站机制的操纵技巧,而这些机制促使或影响用户输入比他们的本意更多的

---

① Kevin Ludlow, "Bayesian Flooding and Facebook Manipulation," KevinLudlow.com, May 23, 2012 (http://www.kevinludlow.com/blog/1610/Bayesian_Flooding_and_Facebook_Manipulation_FB/).

信息。事实上，勒德洛在上述"时间轴"中的生活简直令人难以置信，他是一个环游世界、狡猾但运气极差的神秘雇佣兵。这就像一种伪真过滤器：没有一个人类读者，当然也没有任何一个勒德洛的朋友或熟人会认为这一切都是真的，但驱动广告的分析算法无法区分真与假。

勒德洛假设，如果他的方法被更广泛地采用，那么识别出地理上、职业上或人口统计学上的"疯狂离群者"，然后将他们的结果从更大的分析中清除并不困难，因为这些人的时间轴上挤满了事件。我们在本书第二部分的"目标类型学"（typology of goals）部分对此进行了讨论。我们分析后认为，勒德洛所设想的成功方案可能作用有限。他的"贝叶斯泛滥"实验并不是为了抵消与破坏数据收集和分析的巨大范围，而是将有关自己的数据既保存在系统内，又无法被获取。马克斯·乔（Max Cho）描述了一个不那么极端的版本："诀窍在于用足够的谎言填满你的脸书，以破坏内容价值，削弱平台向你推销的能力。"[1] 也就是说，让你的在线活动更难被商品化，从而彰显自己进行抗争的信念。

---

[1] Max Cho, "Unsell Yourself—A Protest Model Against Facebook," Yale Law & Technology, May 10, 2011 (http://www.yalelawtech.org/control-privacy-technology/unsell-yourself-%E2%80%94-a-protest-model-against-facebook/).

2.15 FaceCloak：把秘密工作隐藏起来

FaceCloak 提供了一种不同的方法限制脸书对个人信息的访问。在你创建个人资料并填写个人信息，例如居住地、学校、兴趣爱好等时，FaceCloak 允许你选择是否公开这些信息。① 如果你选择公开这些信息，那么它们将被传输到脸书的服务器。但如果你选择保持私密，FaceCloak 会将它们发送到一个单独的加密存储的服务器上，只有在你授权过的朋友通过 FaceCloak 插件浏览你的脸书页面时，这些信息才会被解密并显示，而脸书永远无法访问这些信息。

FaceCloak 的特色在于，它通过为脸书所需的个人资料的字段生成虚假信息来混淆，并隐藏真实数据存储在其他地方的事实，从而向脸书和未经授权的浏览者隐瞒真实信息。在 FaceCloak 将你的真实数据传递到私人服务器上时，它会为脸书虚构一个与你的真实情况无关且有特定性别、姓名和年龄的虚拟身份。在这个虚拟身份的掩护下，你可以与朋友保持真正的联系，同时给其他人提供模糊不清的信息。

---

① Wanying Luo, Qi Xie, and Urs Hengartner, "FaceCloak: An Architecture for User Privacy on Social Networking Sites," in Proceedings of the 2009 IEEE International Conference on Privacy, Security, Risk and Trust (https://cs.uwaterloo.ca/~uhengart/publications/passat09.pdf).

2.16 点赞农场：掩盖操纵迹象

"点赞农场"（Likefarming）*现在是在脸书上制造虚假热度的常见方法：来自发展中国家的员工通常会为一定的报酬给某个品牌或产品"点赞"（目前的价格是1000次点赞需要几美元）。① 大量点赞的项目会带来一些好处。例如，脸书的算法会推广那些受欢迎的网页，为它们增加曝光度。

然而，点赞农场很容易被发现，特别是在像脸书这样复杂的系统中。这种行为通常在短暂的时间窗口内被发起，专门用于点赞某件事物或某类事物，而这些账户几乎不做其他任何事情。为了显得更自然，他们采用了一种模糊的策略，即点赞一系列页面，通常是最近添加到页面建议的信息流页面。

---

* "点赞农场"（Like farming）是一种社交媒体上常见的欺诈方式，尤其在脸书上非常常见。这种方式的主要目的是获取尽可能多的"赞"（Likes）或者其他类型的社交媒体互动（如分享或评论）。欺诈者会发布一个吸引人的帖子，鼓励用户对这个帖子点赞、分享或评论，从而让这个帖子在社交媒体上获得更多的曝光，吸引更多的用户进行互动。当帖子达到足够的热度时，欺诈者可能会更改帖子的内容，直接推广或者销售产品或服务，收集参与互动的用户的个人信息用于发送垃圾邮件、进行诈骗或出售给其他的广告商；将收集到大量赞的页面出售给其他人，不需要额外买粉。——译者注

① Charles Arthur, "How Low-Paid Workers at 'Click Farms' Create Appearance of Online Popularity," theguardian.com, August 2, 2013 (http://www.theguardian.com/technology/2013/aug/02/click-farms-appearance-online-popularity).

脸书会根据用户兴趣的模型推送不同的信息流。① 这样一来，有偿的点赞就可以隐藏在散乱的点赞中，看起来像来自一个兴趣奇特但又平平无奇的人。点赞农场揭示了混淆的动机的多样性，混淆并不是只能抵制政治统治，还可以提供有偿服务。

2.17 URME 监控：使用"小号"表达抗议

艺术家利奥·塞尔瓦乔（Leo Selvaggio）一直想减轻公共场所的视频监控以及面部识别软件带来的隐私顾虑。② 在考虑了如戴口罩、摧毁摄像头、表演等常规的反制方式之后，塞尔瓦乔想到了一种特别的混淆。这方法还真有点儿抗议者的风格：他制作并分发了印有自己肖像的面具，这些面具的精确度足以让面部识别软件误以为这些"人"是塞尔瓦乔本人。

塞尔瓦乔对这个项目的描述给出了一个切合本书主题的总结："与其试图在镜头前隐藏或遮挡自己的脸，还不如主动展示一个不同的、替代的身份，人人皆是我的分身。"

---

① Jaron Schneider, "Likes or Lies? How Perfectly Honest Business can be Overrun by Facebook Spammers," TheNextWeb, January 23, 2004 (http://thenextweb.com/facebook/2014/01/23/likes-lies-perfectly-honest-businesses-can-overrun-facebook-spammers/).

② Leo Selvaggio, "URME Surveillance," 2014 (http://www.urmesurveillance.com).

2.18 干扰凶案调查：制造矛盾的证据

在《政治谋杀的艺术：谁杀了主教？》(*The Art of Political Murder: Who Killed the Bishop?*) 一书中，弗朗西斯科·戈德曼（Francisco Goldman）对胡安·何塞·杰拉迪·科内德拉（Juan José Gerardi Conedera）主教之死进行了调查。该书揭示了使用混淆的方法干扰证据收集的情况。[①] 杰拉迪主教在1960—1996年危地马拉内战期间在捍卫人权方面发挥了极其重要的作用。不幸的是，他于1998年被谋杀。

至少有些危地马拉军方人员要对这起谋杀案负有责任。戈德曼记录了他们被绳之以法这一漫长而危险的过程。他注意到，那些受到调查威胁的人不仅捏造证据来掩盖他们的行为，而且为了陷害他人制造了大量的假证据。他们提供了许多相互矛盾的证据、大量的证人和证词，以及许多可能存在的事实线索。他们的目的不是编造一个无懈可击的谎言，而是制造大量可能存在的假设情况，使观察者对寻找真相望而却步。主教被杀，引发了戈德曼所说的"无休止的案件情况"，调查的过程充满千丝万缕的线索和堆积如山的证据，每个事实都在和其他事实相互打架。戈德曼回忆道："很多事实可以被捏造出来，也将被捏造出来，然后让它们

[①] Francisco Goldman, The Art of Political Murder: Who Killed the Bishop? (Grove, 2008).

看起来是相互联系的。"他还专门在回忆录中用了斜体字强调混淆的力量。① 危地马拉军队和情报部门的暴徒有很多办法控制局势：他们可以接触到内部的政治权力、金钱，当然也可以使用暴力和威胁。鉴于目前情况尚未明朗，我们不宜妄加猜测，但他们的基本目标似乎相当明确。作为他们最直接的对手，凶案调查员、法官、记者可能会遭受谋杀、威胁、收买或其他形式的干扰。混淆的证据和其他材料主要针对更广泛的观察者群体，大量的假线索在调查的各个方面都可以引发各方的质疑，而解释这些质疑得浪费很多时间，以至于使正在开展的工作和任何结论受到怀疑。

---

① Francisco Goldman, The Art of Political Murder: Who Killed the Bishop? (Grove, 2008), 109.

第二部分

理 解 混 淆

3 为什么需要混淆？

> 智者将叶子藏在哪里？藏在森林里。但如果没有森林怎么办？……他会种一片森林，再把它藏起来。
>
> ——G. K. 切斯特顿，《破剑之印》

3.1 对混淆的简介

"隐私"，是在某些情况下可能导致误解，甚至显得几乎无意义的一个复杂甚至矛盾的概念。它被广泛用于各个领域，包括法律、政策、技术、哲学，以及日常交流。从网站中通过下拉菜单和单选按钮操作的隐私设置，到关于人类社会发展的宏观论述中，都可见它的踪影。

有人说，隐私是一个"过时的观念"（outmoded idea），是西方工业化两个世纪以来的反常现象，是乡村生活和社交媒体之间的"过渡期"（interregnum）；隐私使我们能成为自由思考、独立发展的个体；隐私被视为资产阶级虚伪和不诚实的表现；隐私也是对社会多样性的捍卫……①这些观点不仅展示了"隐私"一词的多种用法，而且在深入思考后你会发现，每种用法的背后有着不同的含义。"隐私权"一词涵盖了民众的多种期许：有些人关心家庭生活的完整性，有些人关心国家的现在或将来，有些人关心数据的效用和价值，有些人认为只有在匿名的情况下才能展现真正的内在和自我，并且让许多人有交流和沟通的窗口。② 这种概念的多样

---

① 可参阅以下文献，简略了解当今隐私理论的发展：Daniel J. Solove, Understanding Privacy (Harvard University Press, 2010); Ruth Gavison, "Privacy and the Limits of the Law," in Philosophical Dimensions of Privacy: An Anthology, ed. Ferdinand David Schoeman (Cambridge University Press, 1984); David Brin, The Transparent Society (Perseus Books, 1998); Priscilla M. Regan, Legislating Privacy: Technology, Social Values and Public Policy (University of North Carolina Press, 1995); Jeffrey H. Reiman, "Driving to the Panopticon: A Philosophical Exploration of the Risks to Privacy Posed by the Highway Technology of the Future," Santa Clara High Technology Journal 11, no. 1 (1995): 27-44 (http://digitalcommons.law.scu.edu/chtlj/vol11/iss1/5); Alan F. Westin, "Science, Privacy and Freedom: Issues and Proposals for the 1970's. Part I—the Current Impact of Surveillance on Privacy," Columbia Law Review 66, no. 6 (1966): 1003-1050 (http://www.jstor.org/stable/1120997)。

② 不同的理论发展脉络，参见 Helen Nissenbaum, Privacy in Context: Technology, Policy and the Integrity of Social Life (Stanford University Press, 2009); Julie E. Cohen, "Examined Lives: Informational Privacy and the Subject as Object," Stanford Law Review 52 (May 2000): 1373-1437 (http://scholarship.law.georgetown.edu/cgi/viewcontent.cgi?article=1819&context=facpub); Daniel J. Solove, "A Taxonomy of rivacy," University of Pennsylvania Law Review 154, no. 3 (2006): 477-560 (doi: 10.2307/40041279); Christena E. NippertEng, (转下页)

性也延伸到产生、执行和保护隐私的各种政策、实践、技术和策略中。① 我们已经在其他论文和书籍中，展示了这些概念中的大多数可以在"场景完整性"理论下统一。但在这里，我们更多关注的是如何详细解读这些关注点之间的联系，并探讨如何为自己争取应有的权益。②

本节旨在描述混淆的多样化面向，包括混淆是什么和它如何适应多样化的隐私利益、对这些利益的威胁以及用于应对这些威胁的方法。隐私是一个多元化的概念，我们可以借助多种结构、机制、规则和实践来创造并维护隐私。当我们研究隐私保护的工具时，会发现包括地方、国家和全球层面的政策法规；诸如密码学等可靠的安全技术；个人披露行为与实践；保密的社会系统（例如，记者、神父、医生和律师的保密惯例）；"隐写系统"（steganographic systems）；社区的集体保密和默契（omerta）；等等。在《黑网》

（接上页）Islands of Privacy (University of Chicago Press, 2010); Michael Birnhack and Yofi Tirosh, "Naked in Front of the Machine: Does Airport Scanning Violate Privacy?" Ohio State Law Journal 74, no. 6 (2013): 1263−1306。

① See Paul Dourish, "Collective Information Practice: Exploring Privacy and Security as Social and Cultural Phenomena," Human-Computer Interaction 21, no. 3 (2006): 319−342 (doi: 10.1207/s15327051hci2103_2); Paul Dourish, Emily Troshynski, and Charlotte Lee, "Accountabilities of Presence: Reframing Location-Based Systems," in Proceedings of the SIGCHI Conference on Human Factors in Computing Systems, 2008 (doi: 10.1145/1357054.1357133).

② Helen Nissenbaum, Privacy in Context: Technology, Policy and the Integrity of Social Life (Stanford University Press, 2009).

(*BlackNet*)一书中,我们看到蒂莫西·梅(Timothy May)借助密码技术构建了一个完全匿名的信息市场。在这个市场里,交易不可被追踪、无法征税。这鼓励了企业进行间谍活动,促进了军事机密和机密材料的流通,而其长期目标是"政府的崩溃"。① 我们也看到了基于美国宪法第四修正案的法律作品,它们致力于保护通信网络和社交网站的正常运营,并试图在公民个人权利和执法权力之间取得平衡。在这个多元化的工具箱中,混淆既可以单独作为一种方法,也可以被用来辅助其他方法以实现追求的目标。我们希望说服读者:对于某些隐私问题,混淆是一个可行的解决方案。对于有些问题,混淆甚至可能是最佳的解决方案。

混淆,在其最抽象的意义上,是在现有的信号上制造噪声,使数据集变得更加模糊、混乱,更难被利用,更难被行动化,从而降低其利用价值。我们之所以选择"混淆"这个词,是因为它暗示了模糊、难以理解和迷惑的特质,这也帮助我们区分它与那些依赖消失或擦除加以实现的方法。混淆假定信号可能以某种方式被发现,并加入了大量相似和相关的信号——这样个体就可以混入其中,实现短时间的隐匿状态。

G. K. 切斯特顿(G. K. Chesterton)在其短篇小说

---

① Kevin Kelly, Out of Control: The New Biology of Machines, Social Systems and the Economic World (Addison-Wesley, 1994) p. 176.

《破剑之印》(The Sign of the Broken Sword)* 中虚构了一位军人烈士——亚瑟·圣克莱尔将军（General Sir Arthur St. Clare）。圣克莱尔将军的部下在一次对敌军营地发起的鲁莽突袭中战死。这位杰出的战略家为什么要操之过急地发起进攻？这无异于鸡蛋碰石头。切斯特顿笔下的"教廷侦探"（ecclesiastical detective）布朗神父用另一个问题回答了这个问题："聪明人会在哪里藏石子？""在海滩上。"他的朋友回答道。① 布朗继续说道，"如果他需要隐藏一个尸体，他必须制造出许多尸体来掩盖它"。为了保护他的秘密，圣克莱尔将军杀了一个人，然后突然下令进攻高地，借助敌方炮兵来制造混乱，从而把尸体隐藏在其他的死者之中。

在 2007 年的一宗专利案件中，雅各布大法官复现了布朗神父的反问：

> 现在可能会有人认为，比起仔细审查文件以决定是否应披露，进行大规模的文件披露成本更低。在初始阶段，这种方式可能会更便宜，因为只须将

---

* 《破剑之印》(The Sign of the Broken Sword) 是 G. K. 切斯特顿的短篇侦探小说，收录于《布朗神父的清白》(The Innocence of Father Brown)。故事由布朗神父的问题"智者藏石，藏于何处？"引发，并围绕这个问题将圣克莱尔将军死亡的迷雾层层拨开。——译者注

① Gilbert Keith Chesterton, "The Sign of the Broken Sword," in The Innocence of Father Brown (Cassell, 1947) p. 143.

所有文件通过复印机或 CD 刻录机复制即可，尤其是这样做在成本方面是可接受的。但这并不是问题的关键。问题的关键在于，过度披露所带来的后续成本往往极大，而且往往毫无意义。甚至可以说，在大规模过度披露的情况下，真正重要的文件有可能会被忽视——聪明的人会把树叶藏在哪里？①

从增加士兵尸体到披露过多文件，我们可以看到混淆的本质在于让事物本身被忽视，并增加查找的成本、麻烦和难度。

可以对混淆与伪装进行有意义的比较。伪装通常被看作一种"彻底消失"的策略——想象一下在《辛普森一家》中当米尔豪斯（Milhouse）穿上迷彩服后，整个人都融入了绿色的植被，唯有他的眼镜和微笑还能被人察觉。② 在实践中，天然的和人造的伪装都有各种各样的技术和目标，其中只有少数目标是试图使自身从视野中完全消失，其他则是运用"干扰图案"（disruptive patterns）和其他形状的碎片，及时隐藏形状的边缘、轮廓、方向和运动状态。打散轮廓并不会使形状彻底消失，如同比目鱼隐藏在沙中，或者章鱼伪装成岩石那

---

① Nichia Corp v. Argos Ltd., Case A3/2007/0572. EWCA Civ 741 (July 19, 2007) (http://www.bailii.org/ew/cases/EWCA/Civ/2007/741.html).
② The Simpsons, "The Lemon of Troy," May 14, 1995.

样。相反，当我们因移动、改变位置而暴露自己时，干扰图案和保护色会影响跟踪者对分布范围、大小、速度和数量的估量。它们使个体更难被识别和锁定，并且使群体成员更难以计数。许多早期的军事伪装都是为了使像阵地火炮这样大型且难以隐藏的物体难以被高空侦察机侦测到。在物体无法完全消失的情况下，制造大量可能存在的目标或运动载体可以制造混乱，并赢得宝贵的时间。如果混淆有一种象征性的动物，那就是我们在第 2 节提到的穆迈蛛。它们会用自己的假体填满蜘蛛网。虽然这些假体并非完美的复制品，但当黄蜂袭击时，这些假体能够为它们赢得一到两秒的逃生时间。

汉娜·罗斯·谢尔（Hannah Rose Shell）的《捉迷藏：伪装、摄影和侦察媒介》（*Hide and Seek: Camouflage Photography, and the Media of Reconnaissance*）一书讲述了伪装的历史。书中提出了"伪装意识"，它是指人们基于不得不面对的监视技术的内部模型会采取的行动方式。[1] 谢尔在书中指出，无论是设计迷彩的伪装专家，还是训练军人的教官，抑或是战场上的士兵，他们都在努力了解自己在双筒望远镜、步枪瞄准器、照相机、电影机、飞机、侦察机以及卫星等设备面前的可见性，并采取措施降低这种可见性。这需要把研究、估算、建模和猜测等手段结合起来，才能有效利用观测技术的缺

---

[1] Hanna Rose Shell, Hide and Seek: Camouflage, Photography and the Media of Reconnaissance (Zone Books, 2012).

陷和局限。无论是通过模仿达到完全隐形，还是将自己暂时隐藏在其他模糊的背景中，伪装总是反映了它针对技术的能力。

在这里，我们关注的是数据混淆或信息混淆的形式。在技术上，这对设计师、开发者和活动家具有重要意义。要了解这种混淆的道德和伦理定位，意味着要了解它们能够挑战和阻碍的数据采集和数据分析技术，更需要了解威胁模型及其目标和限制。混淆是构建和保护隐私的众多工具之一。像所有类似的工具一样，它可以根据服务的目的和所能解决的问题对保护方式进行专门的优化和提升。为了阐明这些问题的内在机理，我们下面将引入"信息不对称"（information asymmetry）的概念开始系统地分析。

3.2 理解信息不对称：知识和权力

让我们回顾一下美军入侵伊拉克的历史。在入侵伊拉克前，唐纳德·拉姆斯菲尔德（Donald Rumsfeld）对该军事行动进行了风险评估，并给出了当时为人称道但又特别拗口的回答："我们知道的已知，我们知道我们知道；我们知道的未知，我们知道我们不知道；我们不知道的未知，我们不知道我们不知道。"[①] 尽管这看起来像一个故弄玄虚的逻辑难题，但

---

① Donald H. Rumsfeld, February 12, 2002 (11:30 a.m.), "DoD News Briefing—Secretary Rumsfeld and Gen. Myers," U.S. Department of Defense/Federal News Service, Inc. (http://www.defense.gov/transcripts/transcript.aspx?transcriptid=2636).

这个回答确实区分了三种截然不同的风险类型。我们可以看到一个监控摄像头安装在街边的路灯上，或者隐藏在走廊天花板上的镜面玻璃圆顶里，我们知道我们正在被记录。我们知道我们不知道录像是否仅在系统内部传输，还是正在通过互联网实时远程发送至某个地点。我们知道我们不知道录像会被保存多长时间，也不清楚谁有权查看它，是仅仅实时监看的保安，还是在保险索赔事件中的保险专员，又或者是警察？

在看似简单的闭路电视（CCTV）录像中，存在着更多未知。例如，我们不知道录像是否可以通过面部识别或步态识别软件进行分析，或者时间节点信息是否可以与信用卡购买记录或我们驾驶车辆的牌照相匹配，从而将我们的形象与实际身份联系起来。实际上，除非我们个人参与隐私保护工作或安全工程，否则我们甚至都不知道我们不知道这一点。这句话中的三重否定不仅准确，而且表明了不确定性的层次：我们不知道我们不能确定视频文件不会被预测人口统计工具分析，以便识别可能的罪犯或恐怖分子并进行询问。这甚至不是未知事物的尽头，所有影响结果的决定都可能在我们的无知中产生。而这仅仅是一个摄像头，它的线缆或无线传输方式是传输到某个硬盘上就完成记录，还是可能同步在其他地方备份？又是在什么管辖范围内、遵循什么条款和依据什么商业安排不断地在全球范围内进行数据收集？将此与信用卡刷卡记录，注册电子邮件，下载智能手机应用程序（"此应用程序需要访问你的通讯录？""当然！"），提供邮政编码、生日或身份证号码结合，从而回应合理和合法的请求。

显然，信息收集发生在不对称的权力关系中：我们很少能够选择是否被监视、收集的信息用于何种用途以及基于这些信息得出的结论会对我们采取何种行动。如果你想乘火车、打电话、进入停车场或购买一些日用品，你的信息将被收集，并且你会失去对这些信息部分或全部享有的控制权。这种情况很少会在提供全面信息和知情同意的前提下发生。你将不得不填写某些表格才能获得关键资源或参与市民生活，并且你将不得不同意烦琐的服务条款以使用工作所需的软件。此外，基础设施会默认收集有关你的数据。混淆与这种权力不对称的问题有关，正如其与伪装的比较所示，它是一种适用于我们无法轻易逃脱观察但必须行动的情况的方法。但这个问题只停留在信息收集的层面，我们知道我们知道的。另外，信息或认识上的不对称，是一个更深层且更具破坏性的问题，并在保护隐私方面发挥着更大的作用。

电子前沿基金会（Electronic Frontier Foundation）主席布拉德·坦普尔顿（Brad Templeton）讲过一个关于"时间旅行机器人"的惊险故事，[1] 这些机器人拥有比我们今天拥有的软硬件更先进和更复杂的软硬件，它们回到过去对我们进

---

[1] Brad Templeton, "The Evils of Cloud Computing: Data Portability and Single Sign On," presented at BIL Conference, 2009 (http://www.vimeo.com/3946828).

行全面监控。它们将我们生活中的不相干的点连接起来,将我们的个人经历的流动变得非常清晰与人性化,将他们强大的分析之光照进昔日隐秘的角落。这些来自未来的机器人是雇佣兵,为任何有足够财力雇佣它们的人工作。这些人包括广告商、工业界、政府、其他利益相关者。在它们收集和整理我们的过往时,我们却无法阻止它们,因为我们无法穿越时间回到过去改变自己的行为。

然而,坦普尔顿的这个故事并不只是科幻小说式的构想。我们每天都在产生大量的数据,这些数据被无期限地存储下来,而且我们关联和分析这些数据的技术水平也在不断提升。曾经被我们视为隐私的事物,现在在新技术面前,可能变得公开、可见且有价值。这就是信息不对称的一个方面,它塑造了我们的隐私和自主权:我们不知道当下的算法、技术、硬件和数据库能够对我们的数据做什么。从无关紧要的事到有意义的事,从日常生活的琐事到可能影响我们的税金、保险费、贷款、自由出行甚至被列入某些名单的重大事件,这一切都在不断地向前演变和进步。虽然这些看上去都像未知数,但我们现在还是应该担心信息不对称的问题。与我们相关的信息是有价值的,而且会自发流动。一家收集了我们信息的公司可能会将其与不同的记录库联系起来,比如相互匹配电话记录、购买记录、个人身份信息、人口统计名册、社交网络活动、地理位置数据。这些信息可能被打包并出售给其他公司,也可能应政府的请求或法庭传票的要求移交给其他公司。即使这些公司的管理者承诺会妥善保管这些信息,但在公司破产后,这些信息可能会成为清算资产的一部分,然后被买下或转售。所有的关联和分析工作都是用超出大多数受影响的人的基本理解的工具和技术来完成的。一般人无法访问这些数据库,无法获得技术、数学和计算机科学方面的培训,也无法获得必备的软件和硬件,进而也无法理解利用他们的生活和活动中的看似微不足道的细节可以做什么,以及这些细节如何有可能在未来提供比普通用户的预期更强大、更完整、更具启发性的分析结论。事实上,这甚至比工程师和分析师所能预料到的分析结论还要令人震惊。

著名的数据挖掘理论学家塔尔·扎尔斯基(Tal Zarsky)指出了预测软件中的一个不易察觉的陷阱,而这个陷阱再次体现了信息不对称的发展。预测系统利用大量的现有数据集来预测人类的活动:它们得出的预测结论,无论准确与否,都会被用作决策,产生具有强制性的结果,从而使人们会因为他们尚未做过的事情而受到奖励或惩罚。存在歧视和操控的可能性显而易见。然而,正如扎尔斯基所解释的,这些担忧还有另一层含义:"某个数据挖掘分析可能伴随着一个难以用人类语言解释的过程。其中,软件可能根据上千个变量做出最终的选择决策。当被问及为什么一个人被自动推荐系统选中并给予差别待遇时,政府可能无法提供详尽的回应。政府最多只能表示,这是算法基于过往案例得出的结论。"①

索伦·巴罗克斯(Solon Barocas)进一步深化了这些观点,揭示了我们作为个体,在面对"大数据"的数据聚合、分析和预测性建模时的脆弱。大数据方法会利用我们自愿分享或被强制提供的信息,并从我们难以预料的推断中产生知识。很少有人能预料到这些推断,尤其是我们这些个人数据主体。② 问题不仅在于做出决定并加以执行。我们甚至不能完全确定为什么会做出决定并加以执行,因为在被收集的数据汇聚到的最终无法知晓的未知空间中,做出决策的人也不知道为什么要作出决策并加以执行。因为处于信息不对称的状态,我们不了解作出判断的依据,只能猜测这个不透明决策系统的内部运作情况。

当然,这个论点确实有点抽象,因为它有一部分建立在我们不知道,甚至无法知道的事实的基础上。但我们可以将其变得非常具体,通过简要讨论风险问题来探讨信息不对称问题的不同方面,比如,将"风险"视为"信用风险"。乔

---

① Tal Zarsky, "Transparent Predictions," University of Illinois Law Review 2013, no. 4: 1519–1520.
② Solon Barocas, "Data Mining and the Discourse on Discrimination," in Proceedings of Data Ethics Workshop at ACM Conference on Knowledge Discovery and Data Mining, New York, 2014.

希·劳尔（Josh Lauer）的研究表明，信用管理在数据收集、档案制作和数据挖掘的历史中至关重要。① 19世纪美国商业和社会秩序的变革迫使企业向客户发放信贷，却无法获得以往在信任和风险计算中起作用的"熟人和社区意见"。他们依靠信用局收集数据，这些数据可被用来作出明智的决策，以决定个人是否能够获得贷款、保险、租赁和获知其他风险事项。到20世纪20年代末，信用局的分析和报告构成一个完善的私人监控系统，其规模远远超过美国政府任何其他国内项目。由此产生了几个重要的后果，其中包括将性格评估强加于个人的"财务身份"中，以及随着数据的积累产生新用途的发明，比如定向营销的兴起。在我们的论证中，有一个后果与其特别相关。随着数字数据库和工具的兴起，这个后果真正发挥了作用，即信用报告降低了风险。但在某些情况下也会将风险转移出去。是的，但在某些情况下，它也输出了风险。这些后果属于安东尼·吉登斯（Anthony Giddens）的"人为风险"范畴：由现代化进程所产生的危险，而不是由此减轻的危险，因此，需要新的减轻危险

---

① 尤其参见 Josh Lauer, "The Good Consumer: Credit Reporting and the Invention of Financial Identity in the United States, 1840–1940," Enterprise & Society 11, no. 4 (2010): 686–694 (doi: 10.1093/es/khq091); Lauer, The Good Consumer: A History of Credit Surveillance and Financial Identity in America (Columbia University Press, forthcoming).

的制度。①

在为贷款方、保险公司或客户开设信用额度的企业降低风险的过程中,个人的风险随之增加。其中,常见的一种风险是"身份盗窃"(identity theft):你必须信任百货公司的分包商,无论他们是谁,都要采取完美的安全措施。另一种风险是"违反场景"(violations of context)的风险,例如商店将数据出售给不良数据经纪人、与合作伙伴分享数据、让数据与公司的其他部分一起被获取,或者让政府在某个更大的数据收集项目中不加区分地收集数据。这可能是一种公平的交易,但重要的是,风险并不会随着数据收集而消失。持有数据的人会创造新的风险,并将它们外部化。这些风险将由你和其他人承担,因为你的数据可以被用于更好地分析与理解你和你周围的人。在更大的范围内,我们的政府以安全为名启动的监视和数据收集项目总是为了防范国家必须防范的一类风险,但它们产生了另一类风险,这些风险的后果则由公民承担:压制异议的风险、打压合法反对意见的风险,或者只是发生意外,无辜的人将被拘留、追踪、曝光和惩罚的风险。在这些情况下,增加收集信息的数量和细节可以降低某些人的风险,但同时会增加其他人的风险。我们几乎每天

---

① Anthony Giddens, "Risk and Responsibility," Modern Law Review 62, no. 1 (1999): 1–10 (doi: 10.1111/1468-2230.00188). See also the elaboration of this idea in Ulrich Beck, Risk Society: Toward a New Modernity (SAGE, 1999).

都会遇到信息不对称，我们相信某些形式的混淆可以帮助纠正这种不平等。

各行各业的"他们"了解我们的很多事情，而我们对"他们"或"他们能做什么"知之甚少。在知识、权力和风险如此不对称的情况下，很难制订出有效的应对计划，兴许这些计划实施起来也不省心。这并非那种小镇上的牧师或多管闲事的人的不对称，那里的人们互相了解，有些人比其他人知道得更多。然而，这与我们的描述不同，不对称的汇聚使了解我们的人对我们享有权力。他们可以拒绝雇用我们，剥夺我们的信用，限制我们的行动，拒绝我们的公租房、会员资格或教育申请，并限制我们实现美好生活的机会。

3.3 选择退出的幻想

当然，我们仍旧选择加入这些不对称的关系以安身立命，不是吗？对于大多数数据收集行为，如果有部分人选择主动与提出霸权性条款或有黑历史的机构合作，利用他们提供的服务，那么由此产生的部分责任，就应该由这些人承担。在政府机构和私人服务机构力图保障安全，并且获取用户产出的有价值的数据的情况下，把全部责任归咎于他们公平吗？这难道不会使用户陷入经典的"道德风险"（moral hazard），从而让服务提供商为用户的选择承担风险和责任吗?*难道我们用户不能选择退出这个系统吗?

要理解的是,简单地选择退出变得越来越不可能。我们可以设想一个普通人在稳定的、民主治理的大城市中度过的一天。她并非囚犯或社团成员,也不是持不同政见者或国家公敌,然而她生活在一种前所未有的精密、永久且全面的监视之下。她一旦离开公寓,就会被摄像头捕捉到:在她所住的大楼里的走廊和电梯中,在她的银行外使用ATM(这些机器能够拍摄到她的特写照片并标记取款记录),在经过商店和在人行横道上等待的时候,在地铁站和火车上,在她工作的场所中的大厅、电梯和办公室里,这些在午餐时间前就已经发生。在公寓外的城市生活中,几乎她的每一步都可以被记录下来,特别是当她选择佩戴健身追踪设备时。但对轨迹信息的这种拼凑并不是必要的:在她行走的同时,手机也在寻找基站和天线的信号来保持连通,因此能够不断记录她的

---

* "经典的道德风险"是经济学中的一个重要概念。道德风险的含义主要是:在某种契约关系中,一方由于保险、契约等的存在,其行为决策的风险被另一方承担,导致其从自身利益出发实施高风险或者不负责任的行为,从而可能对另一方或整个系统造成损害。例如,在保险业中,如果一个人购买了火灾保险,他可能就不会采取足够的措施防火,因为即使发生火灾,损失也可以由保险公司来承担。这就是典型的道德风险行为。在本书的语境下,道德风险的含义是:如果所有的责任都推给服务提供商,那么用户可能就会过于依赖这些服务,或者滥用这些服务,因为他们知道无论如何使用服务,风险和责任最后都由服务提供商承担。——译者注

位置和移动轨迹。即使她在手机信号盲区停留了很长时间，也可以被记录下来。她的地铁卡能记录她进入地铁的时间，而她的工卡能记录她出入工作大楼的时间。如果她开车，那么她的ETC就能提供类似的功能，而自动车牌识别系统也会记录她的车牌信息。如果她的公寓是智能电网计划的一部分，那么她用电的高峰期就能揭示出她何时起床，何时开灯，何时使用排风扇、微波炉和咖啡机。

在回到"选择退出"的问题之前，我们先来考虑一下在上一段提到的这些系统是如何深深地嵌入我们设想中的普通人的日常生活的，其侵入性远超仅记录她日常出入的日志。通过观察她，我们可以从她在亚马逊的购物记录和Kindle的高亮内容、从她在药店和超市使用的会员卡关联的购物记录、从Gmail的元数据和聊天记录、从公共图书馆的搜索历史和借书记录、从网飞（Netflix）的观看记录，以及从脸书、推特、约会网站和其他社交网络的活动，举着"高倍放大镜"（forensic detail），几乎事无巨细地拼凑出她的社交和家庭关系、奋斗志向、兴趣爱好和信仰。她口袋里的移动设备、她手腕上的健身追踪设备，以及她在车上安装的行车记录仪，每一分每一秒都在寸步不离地跟踪她。即使只有部分数据被收集并与其他类似人群的数据汇总和关联，也可以得出强大的人口学推断结果并进行预测。我们对这个对象的了解程度之深，即使是几十年前的任何一个秘密警察或特工也会感到羡慕，而且相比之下，我们几乎不费吹灰之力就能做到，因为我们的对象会自己监视自己。

如果我们所描述的全面的监视是有意的、集中的和明确的，就像切换摄像头的"老大哥机器"一样，那么就需要反抗它，我们可以构想一种远离"极权显微镜"的生活。但如果我们几乎同过往的人一样受到观察和记录，那么我们的处境就像在一个没有墙、没有栏杆、没有典狱长的监狱，很难逃脱。

这又把我们带回"选择退出"的问题上来。虽然我们在这里用"全景监狱"（prisons and panopticons）式的戏剧化描述，但理论上，这些在民主国家仍然都是自愿的。这也正是我们需要混淆加以应对的原因。然而，拒绝的代价却水涨船高：你会生活在不断扩大的"社交孤岛"中，只能使用你能找到的任何公用电话（纽约市现在的公用电话的数量比 5 年前少了一半），或是"一次性手机"（mobile burners）；你只能接受非常特定的就业形式，远离商业和金融中心，无法获得信贷、保险或其他重要财务支持。更不用说诸多不起眼的不便与歧视，比如在道路上的现金收费队伍长时间等候、在杂货店的花费更高、在航班上的座位更差等。这些都是公开的，且具有不确定性的代价。① 我们不能期望每个人都能按照原则生活。实际上，我们中的许多人在不对称的关系中必须作

---

① Ben Cohen, "After Sandy, Wired New Yorkers Get Reconnected with Pay Phones," Wall Street Journal, October 31, 2012.

出妥协，无法得到我们希望得到的控制或同意。然而，在21世纪的日常生活中，在我们面对这些情况时，仍有办法开辟出抵抗、反驳和自主的空间。混淆就是弱者的武器。

3.4 弱者的武器：混淆能做什么

政治学家詹姆斯·C. 斯科特（James C. Scott）曾赴马来西亚的赛达卡村（化名Sedaka）研究一个问题，并引发了历史学家、人类学家和其他各类活动家的关注。这个问题是：缺乏公认的如选票、金钱、暴力等政治救济手段的人们是如何参与抵抗的？[1] 无论是农民、佃农还是贫农，他们的劳动成果被搜刮，剩余劳动力也以诸如收成、现金、各种形式的债务或无偿劳动等形式被榨取。农民们很少能够冒险与那些利用他们的势力进行对抗。他们能够动用的资源较少，无法像城市中心的熟练工人那样采取激烈的、历史性的反抗行动来抵制不公。斯科特关心的一个实证问题是：面对明显不公的行为，农民会采取什么行动？他得到的答案是：会采取一系列普通的、日常的、极其实用的反击方式，这些方式被斯科特统称为"弱者的武器"。这些方式丰富了抵抗的多元叙事，并在同意与直接拒绝的平衡中保持了一定程度的自主权，尤其在监视方面，加里·马克斯（Gary Marx）的研究

---

[1] James C. Scott, Weapons of the Weak: Everyday Forms of Peasant Resistance (Yale University Press, 1987).

表述得特别明显。①

值得一提的是，我们并不打算将斯科特所描述的对象与混淆的使用者一一比较。我们也不认为混淆具有与斯科特所提出的概念完全相同的限制和属性。本书的创作受到他核心思想主题的启发：我们可以更好地理解混淆，特别是在人与人之间、人与机构之间存在大量信息与权力不对称的背景下。起初，我们观察到许多"武器"，混淆和斯科特所观察到的其他武器都不可避免地具有小而渐进的性质，这反映了它们在一组持续的、开放的社会和政治安排中的作用，而不是推翻世界。这种方法不是大规模入侵不公平分配的领域，而是使用占用或窃取等方式。盗窃和歪曲事实的欺诈行为是重新分配必需品的一种方式，大型零售商委婉地称之为"商品缩水现象"。对命令的回应并非如电影般直接拒绝，而是通

---

① 有关监视的一系列著名的回应文章，详见：Gary T. Marx, "The Public as Partner? Technology Can Make Us Auxiliaries as Well as Vigilantes," IEEE Security and Privacy 11, no. 5 (2013): 56–61 (doi: http://doi.ieeecomputersociety.org/10.1109/MSP.2013.126); Marx, Undercover: Police Surveillance in America (University of California Press, 1989); Marx, "Technology and Social Control: The Search for the Illusive Silver Bullet Continues," in International Encyclopedia of the Social and Behavioral Sciences, second edition (Elsevier, forthcoming); Kenneth A. Bamberger and Deirdre K. Mulligan, "Privacy Decisionmaking in Administrative Agencies," University of Chicago Law Review 75, no. 1 (2008): 75–107 (http://ssrn.com/abstract=1104728); Katherine J. Strandburg and Daniela Stan Raicu, Privacy and Technologies of Identity: A Cross-Disciplinary Conversation (Springer, 2006).

过拖延行动、迟缓回应、装作无知、故意装傻和假装服从加以拒绝、反对或抗议。最后,对我们的研究目的而言,最重要的并不是公开反诘或英勇地挺身而出,反而是斯科特所描述的在"隐藏的记录"中留下含蓄的抱怨、闲聊和吐槽。①

每一位阅读本书的读者都可能或多或少曾远离工作、家庭、法律、宗教或其他领域中的上级权威,并在心中默默地表达异议。这种异议可能仅存在于心中;人们可能仅是自己低声嘟囔,也可能在私密场合分享。正如斯科特所指出的,强大的集团也有隐秘的记录方式,并用于积累和维护权力,这些记录不能被公开讨论或披露。在职场中,异议可能以八卦、笑话、轶事或故事的形式出现,以便在不公开直言的情况下批评权力秩序。异议创造了一个空间,在这个空间中,说话者的尊严和相对自主性可以存在,同时也达到其他的目的。有人隐蔽地抛出一个断言:一个人并不是他展现在人们面前的模样。

有了这个大致的脉络,我们接下来笼统地列举一些差异。在斯科特所研究的农民和正在安装浏览器插件或运行洋葱路由的混淆者之间无法直接进行类比,因为不同个体的可用资源的丰富度、组织形式和基础设施,以及他们面临的强制机

---

① Scott elaborates on this concept in depth in Domination and the Arts of Resistance: Hidden Transcripts (Yale University Press, 1992).

制，都不允许进行简单的比较。不过，正如我们上述总结的观点那样，斯科特的部分成就在于他拓宽了我们对压迫和协迫的反应的理解。这种理解不仅仅停留在武装反抗、全然的冷漠，也不存在绝对被动的情况。尽管不同的个体在获得权力、财富、社会地位以及其他自治和救济手段方面的水平有所不同，但人们还是会在任何时候和任何地点反抗。沿着这个思路，我们可以回顾在数字隐私领域中的一个经久不衰的问题：为何人们不使用功能强大、验证可靠、公开审计的保护系统？比如把他们的消息通过端对端公钥强加密。为什么不使用这些最好的系统呢？

我们并不是在论证人们不应该使用这些最好的系统。实际上，我们恰恰鼓励这样做！然而有时候，因为某些情况、人群、事件或环境，使用这些系统并不实际，也并不可行。有些时候，无论是为了向朋友或同胞证明，还是为了公开的抗议或宣言，我们都需要表现出一定的可见性，或者我们需要或希望表现得引人注目，但同时又希望尽可能地掩藏我们的真实身份。有时，我们对于自己的数据被收集这件事没有选择，所以我们会有强烈的抵制情绪，希望尽可能让收集数据的过程不那么顺利，就像在运转精密的监控机器的齿轮上偷偷倒一点沙子。在为政府工作或开发软件时，我们可能不得不收集数据以提供服务，但仍然要设法对得起我们的用户，并保护他们在未来不会遇到不怀好意的人，免受后者可能带来的损害。在这些场景和限制下,我们通常被迫使用较差的系统,或使用存在一些固有弱点的强大系统,而我们本身也是"弱者"。

我们希望借鉴斯科特的思路,但同时将其研究方向稍作调整,以便拓宽我们对涉及数据监控和混淆的情况的理解。混淆是实用且有效的,无论其效用是支持已有的强大隐私保护系统,抑或是掩盖特定行为,又或者仅仅使对手的处境变得稍微困难一些,甚至只是我们表达不满和拒绝的一种"纯粹姿态"。混淆提供了一种兼具表达力与功能性的抗议和规避手段,尽管有时也比较脆弱,但这对所有参与者都是可行的,并且对那些无其他选择或希望增添一些新的反抗方式的人尤为重要。因此,我们引入了"弱者的武器"这一概念。

在我们进一步探讨混淆可能有用的情况之前,为避免混淆,我们有必要再解释一下:"强者"也可以,并且确实也在使用混淆。请思考目前为止我们在本书中引述过的一些例子:在诉讼中过度披露重要文件、反竞争策略、制造唬人的证据,以及某些军事伪装技术等。虽然弱者需要隐身以避免引起注意,但隐身对强者来说也可能有利。我们的论点是相对实用的,直白地说:如果你可以触及财富、法律、社会制裁和武力,如果你可以随意使用强大系统的全部功能,处于权力不对称关系的有利一侧,并且能够聘请顶级的律师和聪明的程序员,那么你为什么还要费心去混淆呢?如果你有外交邮袋和由国家安全局保护的电话线路，你就不需要浪费时间来互换 SIM 卡和克隆身份。混淆有时对于已经拥有强大隐私系统的强势行动者来说是唾手可得的，我们会相应地讨论这一方面，但它更多只是一种更容易被那些被困在弱系统中的人所采用的工具。

3.5 混淆与强隐私系统的区别

到目前为止，我们一直强调，有时候最佳的、强大的安全和隐私实践对个人和团体来说并不实际，或者压根就没有用。这并不是反对其他系统和做法的论点；它只是承认在某些情况下，混淆可能提供一个适当的替代方案，或者可以被添加到现有的技术或方法中。混淆可以起到类似隐蔽记录的作用，掩盖不同见解和秘密交流，并提供一种表达自治意识的机会，比如将拒绝的行动隐藏在赞成的表象中，或者提供更直接的抗议或混淆工具。在某些情况下，许多人可能会时不时地发现自己被迫放弃某些事物，而不确定后果，并且没有明确的机制使自己重新获得控制权。这时，混淆可以发挥作用，它提供的并非全面的军事级数据控制解决方案，而是以一种直观的方式来制造一些"烟雾弹"。将二者结合使用可能效果会好很多。

就像斯科特的"弱者的武器"这一概念填补了同意和反抗之间的空白一样，要解释什么是混淆，我们就必须弄清楚它不是什么，以及它填补了什么空白。我们需要讨论混淆完成哪些其他服务和系统无法完成的任务，以及它在难度、浪费数据和时间等方面的成本。在通过最佳技术、商业最佳实践或立法和政府干预来保护数据的背景下，什么使混淆是必要的？考虑到混淆可能产生的成本，为什么应该选择它？描述这些成本，并在这些成本的基础上进行论证，将使我们在概括混淆的总体内容后，能够在第4节中从伦理和政治的角度加以阐述，然后在第5节中考虑特定目标和结果的设计。

我们讨论过需要与混淆区分开的一个替代方案：个人选择退出任何可能会滥用其数据的平台或服务。这是一个看似不需要道德妥协的解决方案。由于他们不同意，他们选择拒绝接受服务，这不会带来任何麻烦。虽然这种退出对于一小部分用户和用途有可能会奏效，但对于所有人来说，这并不是一个实际的或合理的选择。在政治计算中，殉道很少是一个可行的选择；虽然参与或退出对于一般理性人而言，可能是一个简单明了的二元选择，但在接受和被网络边缘化之间做出的选择，实际上根本不算一种选择。我们经常陷入妥协的局面，试图从一系列充满问题的选项中做出最佳选择。始终在数据安全和隐私方面做出完美选择的用户，就像完美的理性经济人一样，更有可能只存在于理论中而非实践中，并且在实践中这样的人将会兼具顶尖技术专家和"反技术主义者"（Luddite refusenik）*的双重风格，但这一听就不靠谱。那么，依赖企业采用最佳实践来为客户提供保护呢？

用户当然不是数据的唯一来源。相关公司可以解决用户的许多顾虑，从而使混淆变得无关紧要。一个设计精良的退出政策可以提供对聚合和分析过程的更小颗粒度的控制，允许你在拒绝和遵从这两个极端之间做出选择。这将使你能够获得一些好处以换取一定程度的使用权限，同时它还会明确规定数据只能在某些特定的上下文中、只为了某些特定的目的和在一定的时间期限内被收集或使用。这可能会为用户提供真正的选择机会。然而，这种来自私营部门的努力受到了阻碍，因为出于对各种好处和坏处的考量，公司依旧是数据挖掘的主要受益者。现今的消费经济是以数据为基础的，比如数据调查、转化分析、客户留存分析、人口统计、定向广告和在销售点收集的数据通过整个供应链反馈，行云流水般完成从即时生产设施到趋势发

---

* "反技术主义者"（Luddite refusenik），源自 19 世纪初的英国"卢德主义者"（Luddite）运动，当时的一些工人反对工业化，因为他们认为新的机械和工厂系统会威胁到他们的工作。"Refusenik"则是一个源自苏联时代的词，原指那些被拒绝离开苏联去以色列的犹太人。在现代语境中，"Refusenik"可以指抵抗或拒绝他们不同意的或反对的事物的人。这个词常常被用来描述对主流社会或文化规范的抵抗。这可能涉及一系列行动，从拒绝使用某些技术到抵抗政府政策，再到拒绝某些社会规范或期望。——译者注

掘系统的处理流程。① 无论公司是开展收集、捆绑和销售个人数据的业务（如 Double Click 和 Acxiom），还是利用其客户产生和提供的数据来改善其业务的运营（如亚马逊和沃尔玛），或者建立在用户数据驱动的广告收入之上（如谷歌），抑或是为了提早发现信用、保险或租赁风险而外包消费者数据的分析，支持普遍限制访问这些信息都不符合公司的利益。②

对信息访问进行普遍限制会带来竞争劣势，因此任何一家公司都面临着失去客户、消费者甚至病人数据收益的风险。网络发布商，尤其是那些必须向股东负责的公司会纠结，明明个人信息就摆在眼前，又害怕不加以利用而白白浪费。此外，数据的流动性和可携带性使放弃某些数据的策略变得极其困难，因为某些数据在一个公司手中可能没有任何价值，但是如果这些数据被另一个拥有更大或管理更有效的数据库的公司获取，那么这些数据可能会引发严重的隐私泄

---

① 关于数据"货币化"（montization）理念的发展以及它在当今企业和机构中所扮演的角色，请参见 Gina Neff, "Why Big Data Won't Cure Us," Big Data 1, no. 3 (2013): 117-123 (doi: 10.1089/big.2013.0029); Brittany Fiore-Silfvast and Gina Neff, "Communication, Mediation, and the Expectations of Data: Data Valences across Health and Wellness Communities," unpublished manuscript (under review at International Journal of Communication)。
② Google Inc., Securities Exchange Commission Form 10-Q for the period ending October 31, 2009 (filed November 4, 2009), p. 23, from SEC.gov (http://www.sec.gov/Archives/edgar/data/1288776/000119312509222384/d10q.htm)。

露问题。对于从事信息服务行业的公司或那些利用数据来提高自身竞争优势的公司来说，消费者的不满、执法部门偶尔的罚款和封禁下架只是他们无关痛痒的小小代价，这些公司会拼命维护对个人数据"备份"（standing reserve）的访问权。① 那么，依赖当局制定并执行更好的法律呢？

政府难道不应当在平衡利益和维护价值观以及政治原则方面发挥作用吗？这就引出了混淆必须阐明其合理性的另一个问题：为什么我们需要让企业自主设定其数据收集和数据管理的规则？这些规则，显然应该由政府来设定并实施。

诚然，从美国宪法第四修正案到欧盟的数据保护规定和指令，法律和法规在历史上一直是个人隐私的核心保障。从社会视角出发，我们可能会在法律中找到对应的答案，来回答关于收集和储存个人信息的难题。然而，法律的步伐往往过于缓慢，而且不论政府和法律机构的代理人在保护公众隐私这一公共利益方面展现出多大的努力，他们都将面临各方，甚至包括政府自身的强烈反对。

在斯诺登事件后，许多国家安全、间谍和执法机构已经明确表示，他们认为能让公众向企业披露大量个人信息是有利

---

① Martin Heidegger, The Question Concerning Technology and Other Essays (Garland, 1977).

的，因为这些信息可以被法庭传票获取或被秘密利用。① 设计欠佳、管理混乱的社交平台已经培养出了一批自我监视的资深用户，他们上传的照片携带 EXIF 元数据，而详细的聊天记录也在等待被数据挖掘算法分析。

尤其是在美国，人们必须对任何政府主导的改革数据收集规则和实践的项目提出审慎且高标准的质询。如今，大量的个人数据已经在市面上流通。越来越多免费的个人数据被打包出售，而立法和司法决策艰难且缓慢地推进着，有些是前进，有些是后退。面对这样的现状，人们很难抱有乐观的态度。于是，这就把我们带回最初提出的问题：既然这些问题的背景和规则都是由技术产生的，那为何先进的技术就不能解决这些问题呢？

在数据挖掘、网络浏览或搜索以及传输机密信息等领

---

① 有关斯诺登事件的更多信息，参见 Glenn Greenwald, Ewen MacAskill, and Laura Poitras, "Edward Snowden: The Whistleblower Behind the NSA Surveillance Revelations," theguardian.com, June 11, 2013 (http://www.theguardian.com/world/2013/jun/09/edward-snowden-nsa-whistleblower-surveillance); Ladar Levison, "Secrets, Lies and Snowden's Email: Why I Was Forced to Shut Down Lavabit," theguardian.com, May 20, 2014 (http://www.theguardian.com/commentisfree/2014/may/20/why-did-lavabit-shut-down-snowden-email); Glenn Greenwald, No Place to Hide: Edward Snowden, the NSA and the U.S. Surveillance State (Metropolitan Books, 2014); Katherine J. Strandburg, "Home, Home on the Web and Other Fourth Amendment Implications of Technosocial Change," University of Maryland Law Review 70, April 2011: 614–680 (http://ssrn.com/abstract=1808071)。

域，市场上已经有一些功能强大、考虑周到、设计精良的系统能被用于保护和增强我们的隐私。然而，这还远远不够。对于检测数据来源、适当使数据集匿名化、生成上下文以及提供安全、保密通信等方面，生产相应工具存在严峻的技术挑战。这样的潜在系统也面临着来自富有的商业团体和政府组织的抵制，他们宁愿我们使用劣质、体验不佳、性能不良的系统。① 此外，无论技术发展和标准有多么令人信服，负责协调和处理大量数据流动的组织和机构使用这些技术的过程充满政治因素。即使在个人层面，困难仍然存在。正如阿文德·纳拉亚南（Arvind Narayanan）在他的研究中指出的那样，"实用加密"（Pragmatic Crypto）与"密码朋克加密"（Cypherpunk Crypto）不同，后者是一个通过加密彻底重塑社会的基于技术决定论的项目。对开发者来说，采用过程充满复杂的工程和可用性问题。② 从洋葱路由到"非记录消息传递"

---

① 广义而言，"盗窃"（kleptography）可以被用来理解这种方法。请参阅 Adam Young and Moti Yung, "Kleptography: Using Cryptography Against Cryptography," in Advances in Cryptology—Eurocrypt'97, ed. Walter Fumy (Springer, 1997). 而从更广义的范畴来看，说服对手使用你可以破解的加密形式，或出于可用性或方便性等原因而使用较差的替代方案，请参见 Philip Hallam-Baker, "PRISM-Proof Security Considerations," Internet Engineering Task Force (IETF) draft 3.4, 2013 (https://tools.ietf.org/html/draft-hallambaker-prismproof-req-00#section-3.4)。

② Arvid Narayanan, "What Happened to the Crypto Dream? Part 2," IEEE Security and Privacy 11, no. 3 (2013): 68–71 (doi: http://doi.ieeecomputersociety.org/10.1109/MSP.2013.75).

（Off-the-Record，简称 OTR），再到电子邮件加密工具包，如"隐私保护工具"（GPG），所有这些问题都没有减少隐私技术的贡献。然而，技术成就、法律法规、行业最佳实践和用户选择的结合仍留下了大量被忽视且未受保护的空白区域，混淆在这里发挥了独特作用。

就像我们稍后将详细探讨的那样，混淆在某种程度上可以被视为一种制造困扰的策略。尽管法规的限制、组织最佳实践的规定、勤勉的开发者提供的保护性技术工具，以及在生活中有选择性地避免或退出某些可能侵犯隐私的服务都在一定程度上保护了我们的隐私，但仍有很多领域的隐私容易受到侵犯，而混淆为此提供了额外的保障。它通过制造噪声和扰乱视听来实现混淆的效果；它可以作为"信息弱者"的数字武器，在后者处于困境时进行"数据抵抗"（data disobedience）。

4 混淆不合理吗?

> 以牙还牙,以眼还眼,以子弹还以子弹。
>
> ——莎士比亚,《约翰王》,1595 年

在一次讨论"混淆搜索"插件①的会议上,一位听众在自由讨论环节直接站起来说道,她认为使用插件看上去像欺骗别人,这种不诚信让她深感不安。对她来说,提交并不真正感兴趣的搜索记录似乎不对。诚然,欺骗问题只是质疑和反对混淆的理由的冰山一角,其他具有代表性的理由还包括浪费资源、搭便车、污染数据库和违反服务条款。

像讲座上那位女士提出的质疑让我们感到担忧:我们应当站在道德的高地,用"混淆搜索"插件来保护个人免

---

① 关于 TrackMeNot,参见 http://cs.nyu.edu/trackmenot/。

受非法的和具有剥削性的信息侵害。但是，这样的挑战不能被简单地一笔带过。因为混淆往往从根本上来说是对抗性的，涉及欺诈和误导。因此，为非计划的或不希望的用途占用资源必须得到解释和证明。在一篇题为《鞋里的钉子》（A Tack in the Shoe）的文章中，加里·马克斯（Gary Marx）写道："我们需要一些准则，使我们能够谈论'好'和'坏'，或适当的和不适当的努力，来阻止个人数据被收集。"[1] 仅仅因为混淆有效，甚至因为它是唯一有效的方法而使用混淆，是不够的。如果要使用混淆，那么混淆必须能在道德上进行辩护，并且必须与一个人所生活的社会的政治价值观兼容。

"混淆搜索"插件揭示了困扰许多混淆系统的开发者和用户的伦理问题，它需要人们区分哪些用途在道德上是可接受的，哪些不是。就像直觉告诉我们的，灭虫员劫匪和他不知情的同伴，被认为不可接受，而盟军干扰敌军的雷达则被视为可接受。但为什么这两者会有区别？我们又该如何适应影响更大的混淆类型呢？如果我们要捍卫某个特定系统的合法性，单凭赞成或反对是远远不够的；相反，我们必须提供周全且细致的理由来说明这个系统避免了哪些道德和政治方

---

[1] Gary T. Marx, "A Tack in the Shoe: Neutralizing and Resisting New Surveillance," Journal of Social Issues 59, no. 2 (2003): 369–390 (doi: 10.1111/1540-4560.00069).

面的危险。

本节将帮助混淆系统的设计者或用户做好准备，以应对他们可能面临的一系列挑战。其中一些挑战涉及伦理方面的问题，并声称混淆可能会造成伦理危害或违反伦理法则。同时，混淆还在政治方面存在挑战。因为混淆可能削弱政治权利和价值，无法公平公正地重新分配权力，或者与周围社会或群体的政治价值观相矛盾。

4.1　混淆的伦理问题

4.1.1　不诚实的行为

在你是为了误导他人而混淆时，你几乎不可能避免人们的指责，因为他们大多数时候会认为这是欺骗行为。将混淆与撒谎的伦理问题联系起来会为我们扩展出一个广阔的哲学思考空间，尽管这超出了本书的范围，但仍会为我们接下来的讨论提供重要的理论分析工具。

康德的经典立场认为说谎是绝对错误的。一个人即使面对正在寻找无辜受害者的凶手，也应该坚持讲真话。这种观点将对混淆的使用一概谴责为不诚实行为。相反，那些为说谎行为辩护的伦理观点则更多样化，且都附加了特定的条件。一般来说，相关文献的讨论会集中在两个核心议题：说谎的定义与说谎的伦理。说谎是否总是错的，还是说永远都是对的；即使是错的，它是否可以被原谅。在实践中，这两个议题相互依存，因为若将"撒谎都是错的"这一刻板态度削弱为不那么严谨的定义，就会容忍所谓"明哲保身"之类的行为。例如，托马斯·阿基纳斯（Thomas Aquinas）就认为谨慎的"伪装"（dissimulation）经得起伦理诘问。他并不认为说谎有时在道德上是可以接受的，因为伪装有时不符合撒谎的定义。① 我们猜测，很少有人像康德和阿基纳斯一样坚定地信仰说真话，大多数人如果有充分理由，比如防止极端危害、受到威胁、兑现诺言或实现其他重要目标，可能会为撒谎辩护。②

在本书讨论到的这么多案例中，混淆可以被看作抵抗胁迫、剥削或威胁的手段，这样的目的通常能因为诚实的行为得到合理辩护。因此，我们可以说混淆和撒谎一样，是否合乎道德伦理，取决于其目的是否合法：前述用雷达反制措施保护盟军轰炸机的合法性得到了证明，但传播恶意软件、抢劫银行或操纵选举的行为则是不道德的、不合理的，尽管有部分人可能会钦佩或者嘲笑这些行为的独特性。我们不希望夸大这个结论，也不认为只有合法的目的才能证明混淆的行

---

① See James Edwin Mahon, "The Definition of Lying and Deception," in The Stanford Encyclopedia of Philosophy (http://plato. stanford. edu/archives/fall2008/entries/lying-definition/); John Finnis, "Aquinas' Moral, Political and Legal Philosophy," in The Stanford Encyclopedia of Philosophy (http://plato.stanford.edu/archives/sum2014/entries/aquinas-moral-political/).

② Sissela Bok, Lying: Moral Choice in Public and Private Life (Vintage Books, 1999).

为在道德上也是合理的。换句话说，虽然混淆可能是一种不诚实行为，但我们想强调的是，合法的目的才是混淆符合伦理要求的必要前提。

即使某人选择使用混淆以达到被人称赞的目的，为了应对更多的非议，他也需要做好心理准备，为这种选择辩护。在探讨了其他针对混淆的道德诘难之后，我们将回到"充分性"（sufficiency）的问题，以解释伦理评估中除了值得称赞的甚至只是可接受的目标外还缺少些什么要素。

4.1.2 浪费

批评者可能会说，如果混淆在产生噪声时消耗了重要资源，那么它就是浪费。以"混淆搜索"插件为例，一些人抱怨它对搜索引擎的服务器造成不必要的浪费，比如对网络带宽造成额外的负担以及对电力的额外消耗。类似地，隐身斗篷[1]也因为浪费网络带宽和移动应用资源而受到指责，许多产生噪声的社交网络工具因为过度使用脸书的服务而受到指责，Uber 也通过拨打"飞单"电话浪费司机精力。在为自己偏爱的混淆辩护时，我们应当立即意识到在这些指责中都隐藏着同一个前提，那就是"浪费"的概念已经被完全规范化了。它假定了对资源的使用、消耗、开发或利用的可接受的、

---

[1] Joseph T. Meyerowitz and Romit Roy Choudhury, CacheCloack, 2009 (http://www.cachecloak.co.uk/).

理想的或合法的标准。只有社会对这些标准形成了强烈的共识，才能将这类指控提升到超出个人观点的范畴，而只有对基于事实知识的扎实论证，才能说服大家接受"任何混淆都是资源浪费"的说法。

然而，在标准还没有确定下来时，"使用"和"浪费"之间的界限存在更多不确定性。我们或许都会同意，因粗心导致水龙头开着是浪费水资源，但洛杉矶和西雅图的居民对在沙漠性气候下为保持草坪翠绿而每日浇水的行为是否属于浪费就存在不同意见。为了反驳对"混淆搜索"插件造成浪费的指责，我们可以辩称，与图像、音频和视频文件、社交网络上的丰富信息流以及基于互联网的通信服务所产生的流量相比，插件所占用的带宽其实微不足道。然而，指出"混淆搜索"插件搜索词所产生的流量与维持诸如比特币或"魔兽世界"（World of Warcraft）所需的流量之间的天壤之别，并不能完全解决这类问题。毕竟，一个滴水的水龙头所累积的水量，可能远远小于每天洗澡所需的水量，但前者仍可能被认为浪费，因为它是不必要的。

人们在评判像隐身斗篷和"混淆搜索"这样的插件是否浪费带宽资源时，不仅受产生噪声的量的影响，也受个人价值观的影响。支持者指出，通过防止用搜索记录生成个人画像来保护隐私是值得消耗带宽的，当然，这比很多家庭的视频监控要更有价值。尽管一些批评者仍然持怀疑态度，然而他们不太怀疑对公共资源的浪费，他们更担忧对私人资源的浪费。例如，对搜索引擎和移动应用程序提供商的服务器空间的浪费。在这种情况下，数量和合法性同样重要。在噪声数据挤爆对手系统的情况下，甚至在消耗了对手所有可用资源这种更极端的情况下，它就会变成"分布式拒绝服务"（DDoS）攻击，那为其辩护的门槛就非常高了。除非你能花大力气证明你的对手正在从事压迫、欺凌或明显不公平的行为，否则很难为这种具有伤害性的混淆攻击辩护。

在仅仅使用混淆而未导致私有资源瘫痪的情况下，行为合法性的争议可能并不明显。以网络搜索为例，无论目的多么琐碎，手动提交的搜索词似乎都不会被抱怨是浪费。没有人认为"忍者神龟"或"梦幻足球"比"埃博拉症状"更浪费谷歌的服务器资源，尽管一些批评人士说，"混淆搜索"插件提交的自动搜索查询就是一种浪费。除了"混淆搜索"插件的查询与谷歌的利益、愿景或偏好背道而驰，我们难以找到其他会引起这样的批评的原因。按照批评者的说法，这些利益、愿望或偏好的重要性超过用户对混淆隐私的需求。这生动展现了那些为混淆辩护的人与那些被混淆的人之间的辩论图景，前者将混淆作为保护用户的手段，制止用户的信息被非法收集，而后者则将这种行为定性为"浪费"。在这场争论中，胜利者将占领道德制高点，并将相互冲突的既得利益转化为公共道德问题。但其中最重要的是，我们要看到，在这种情况下，当搜索资源的捍卫者将混淆称为"浪费"时，他们其实揭示了一个我们尚未共同解决的问题。我们为了保护隐私而混淆搜索关键词，确实是在没有得到拥有者的授权的情况下使用了私有资源，但是在讨论这种做法是浪费还是合法，或者说混淆应当被禁止还是被允许的问题时，其本质上是一个有关权利和特权行使的政治问题。我们将在本节后半部分继续探讨这个问题。

4.1.3 搭便车

如果你使用了基于个人偏好设计的混淆技术，你可能会被指责搭便车，因为你利用了他人提交数据的意愿，或者利用了数据收集者提供的服务，同时拒绝他们从你的个人信息中获利。一种典型的情况是，对手会"专挑软柿子捏"（go after the slower prey），优先选择那些没有使用混淆的人。或者，如果你不按照服务条款使用脸书和 Foursquare 等公司的服务，那么你就违反了一个默认的合同，因为你不仅搭了那些遵守服务条款的人的便车，还搭了服务提供者的投资的便车。这同样适用于安装浏览器广告拦截插件的用户，他们可以在为没有安装拦截插件的用户提供的内容的情况下享受更纯净、加载更快、无广告的网络体验。至少批评者是这么认为的。作为搭便车的人，混淆者似乎更像暗中行事的人，而不是反叛者。毕竟，在你渴望占领道德的制高点时，你是否希望成为那些通过利用他人的无知和愚蠢来操纵系统的人？

这些指控确实得被认真对待,但在我们看来,它们是否成立取决于对两个问题的回应:无论是你创建的还是你使用的混淆,他人是否能不受限制地得到?不使用混淆的人在你使用该技术或工具后是否没有遭受任何损失?对于我们讨论过的许多混淆方式而言,当这两个问题的答案都是肯定的时候,我们不认为存在盘剥他人的情况或其他道德上的错误。当这两个问题中的任何一个被否定的时候,情况就会变得比较复杂,需要进一步讨论。如果秘密地混淆不会让不使用混淆的人遭受损失,那么它可能是可以被接受和谅解的;如果混淆会对不使用混淆的人造成不利影响,但混淆又广泛而不受限制地提供给所有人,那么它可能是合理的。尽管在这两种情况下都需要进一步的伦理分析,但最难以解答的问题是:秘密地混淆会对不使用混淆的人造成不利影响。

这些困难的问题将我们引入有关道德责任的哲学辩论。即使在最糟糕的情况下,你也可能会将责任转嫁给被你混淆的人:数据收集者。你可能会问:"到底是谁占谁的便宜?"回到捕食者和猎物的比喻,你可以辩称:"别责怪我腿脚灵活;毕竟,捕食者就得对受害者的死亡负责。"尽管你抛弃了跑得慢的同伴,使其更容易被捕获,但责任终究还是主要归于捕食者。这就自然而然形成了相互指责的僵局,数据收集者指责混淆者搭便车享受服务,而混淆者则指责数据收集者搭便车获取个人信息。

在互联网经济中，个人用户享受免费服务，这些服务是由广告网络和其他第三方数据聚合者从这些用户的信息中提取的价值来维持的。与基于商业市场的传统交换模式不同，互联网所形成的交换模式并不是明确支付货物或服务的价格，而是基于间接、微妙且多数是隐蔽的方式获取各自的信息。部分专家的评论启发了我们对该问题的思考，他们认为这种信息实际上是一张空白支票，而不是免费的。① 用户放弃个人信息而不用获悉其用途，是接受服务的必要条件，当这种行为与需求不成比例（如过度收集），且它是不合适的（如违反场景期望）时候，这种对价就是一种盘剥，这样的做法就是具有压迫性的。此外，在传统的保护制度无法有效应对这类做法时，被指责搭便车的混淆者可能会合理地质疑系统中根深蒂固的假定权益。天真的用户陷入了用交换术语伪装而成的修辞骗局，而他们几乎没有参与这些

---

① 也可参见 Chris Jay Hoofnagle, Ashkan Soltani, Nathaniel Good, and Dietrich J. Wambach, "Behavioral Advertising: The Offer You Can't Refuse," Harvard Law & Policy Review 6, August (2012): 273 – 296 (http://ssrn.com/abstract=2137601); Aleecia M. McDonald and Lorrie F. Cranor, "The Cost of Reading Privacy Policies," I/S 4, no. 3 (2008): 540 – 565 (http://lorrie.cranor.org/pubs/readingPolicyCost-authorDraft.pdf); Katherine J. Strandburg, "Free Fall: The Online Market's Consumer Preference Disconnect," University of Chicago Legal Forum 95 (2013): 95 – 172 (http://ssrn.com/abstract=2323961); Chris Jay Hoofnagle and Jan Whittington, "Free: Accounting for the Costs of the Internet's Most Popular Price," UCLA Law Review 61 (2014): 606 – 670 (http://ssrn.com/abstract=2235962).

术语的创设。① 每一方都有权为有价值的资源交换设定条件，但应该公平地解决哪些利益应被优先考虑的问题。否则，就像混淆者所说，这是一个不值得尊重的要求。

上述立场并不意味着所有混淆都可以被合法化并免受搭便车的指责。只有在满足其他道德要求的前提下，才能考虑这样做。搭便车的问题涉及服务提供商在收集用户信息时产生的剩余价值，即到底是用户还是服务提供商有权享有这部分价值。换句话说，在满足其他伦理准则（比如有价值的目标）的情况下，关于利益和欲望的冲突，或者关于利益和权益的公平分配问题就会将我们的分析引向经济和政治分析，之后将继续讨论。

4.1.4 污染、颠覆和系统破坏

对混淆污染数据的指责既令人感到困扰又不可避免。混淆被定义为插入噪声，这使人联想到污染，因为它们的共同点是使某些东西不纯或不干净。可以想象，如果有人用有毒化学品、颗粒物或废物来污染水、土壤或空气，那肯定会受到严厉批评，因为环境完整性会被高度重视，它不仅是一种

---

① See Joseph Turow, Chris Jay Hoofnagle, Dierdre K. Mulligan, Nathaniel Good, and Jens Grosskrags, "The Federal Trade Commission and Consumer Privacy in the Coming Decade," I/S 3, no. 3 (2007): 723-749 (http://ssrn.com/abstract=2365578); Joseph Turow, The Daily You: How the New Advertising Industry Is Defining Your Identity and Your Worth (Yale University Press, 2013).

理想，还是一种务实的目标。然而，批评者在利用环境污染的规范影响力时并没有冷静地观察到混淆会扰乱数据的存储；他们指责混淆破坏了数据环境的完整性。但这两者还是有区别的。在当今大多数社会中，自然环境的价值是被假定的，而污染行为也肯定应当被追责。但是，如果没办法证明现有的数据环境，特别是数据集值得保护，那口口声声呼吁数据完整性的人压根就是回避要害问题。

即使是环境完整性也并非绝对会被重视，并且已经与安全、商业和财产权等其他价值进行了权衡。类似地，为了成功指控数据污染，支持者们必须证明数据组合的价值大于混淆者试图保护的任何利益。但必须澄清的是，仅仅揭示混淆对数据库造成的负面结果，实际上等同于再次回避了对伦理问题的讨论。因此，各方争辩的关键在于证明只有在伦理要求保护数据流或数据集的完整性时，数据污染才是不道德的。此外，还必须明确解决数据的完整性是否超过了其他价值和利益这一问题。当问题在于数据收集者的利益是否受到混淆的负面影响时，伦理问题只能通过确立这些利益具有普遍价值并且优先于混淆者利益的方式来解决。当没有明确的理由支持数据收集者和混淆者之间相互冲突的利益或偏好时，通过政治途径解决或者交给市场化解，可能是人们能期望的最好结果。

如果特定数据流或数据集的完整性存在真正的公共利

益,并且混淆会对整个系统产生负面影响,那么行为正当性的举证责任就得转移到混淆者身上,他们需要证明自身行为的合理性。例如,当一个人通过降低人口健康数据库的完整性来减少其潜在的公共利益时,人们可以正当地质疑混淆者。但是,在这种情况下,我们应该评估个人为了他人或公共利益所付出的代价是否公平。如果个人被迫作出贡献,就应该确保信息的使用方式、流动路径和安全性至少符合"公平信息实践的基本原则"(principles of fair information practice)。换句话说,伦理论证取决于两个因素:所讨论的数据是否具有真正的公共利益和集体利益,以及为了这些利益有多少人需要牺牲。将这两个因素纳入考虑范围后,即使数据被认为是有价值的,也必须承认数据集的完整性并不是绝对的,数据控制者有责任捍卫数据集和相关运营行为的公共属性,并充分考量处理行为可能对个人数据主体施加的任何负担及其合法性。

在上述讨论中,我们并未刻意区分"污染""颠覆"和"系统损坏"这三个术语。因为你在努力确保一个系统符合伦理的时候,可能会自然而然地考虑哪个术语与具体需求最相关。混淆如果只是污染或扰乱混淆者的数据轨迹,那么它所面临的伦理挑战要少于那些还影响其他数据主体的方式,甚至比那些干扰系统的正常功能的系统(如拒绝服务攻击)还要少。因此,我们需要仔细评估其与合法目标相关的数据收集和混淆问题,这些问题涉及对各方的伤害、权益、社会福利和比例等的具体分析。

4.2 从伦理到政治

4.2.1 目标与手段

混淆几乎总是涉及伪装、未经授权使用系统资源或者损害系统功能，因此了解混淆的预期目标对于评估其道德地位至关重要。尽管有些目标看似明确可行，而其他目标可能存在争议，但在这些伦理模糊或灵活的领域中，政治和政策作为一类分析工具开始发挥作用。

然而，目标只是问题的一部分，它顶多只是一个必要但不充分的条件。由于伦理理论和常识的要求，手段也必须可辩护。正如谚语所警示的那样，"目的正当，不能证明手段正当"。手段是否被接受，可能取决于许多伦理因素，但通常也可能取决于目标与各种因素的相互作用，这些因素视情况而定，且与特定环境相关，而对这些因素的考虑属于政治领域。

我们承认对某些伦理问题的争议最好通过政治方式解决，但这不一定意味着这些争议可以完全将其从伦理关切中排除出去，尤其是采取类似以赛亚·伯林（Isaiah Berlin）的观点，将政治哲学视为道德探究"应用于群体、国家，甚至整个人类"时。[①] 在某些情况下，关于混淆伦理的分歧可能会被

[①] Isaiah Berlin, The Crooked Timber of Humanity: Chapters in the History of Ideas (Princeton University Press, 2013), 2.

归结为关于相互冲突的目标和价值观的分歧，但仍然可能适用纯粹的伦理方法加以解决，就像康德那样，将讲真话视为比防止谋杀更要紧的事。但是关于目标的分歧并不总是可以通过纯粹的伦理推理来解决。针对这些特殊的情况，我们得从社会政策领域寻找解决方案，因为如何解决这些分歧将影响其被嵌入的社会结构。需要社会解决的伦理问题激发了各个时代的政治哲学家的顶尖智慧。从柏拉图到霍布斯、卢梭再到现在，他们试图比较和评估政治制度，确定表征良好社会的政治属性和决策模式，并阐述正义、公平和体面的政治原则。我们得出结论，认为伦理问题必须得到政治解答，因为它们涉及对权力、权威和社会资源的分配，尽管如此，我们仍然关注伦理。我们不是指任何社会，而是指那些反对暴政并努力成就善良、公正和体面的社会，正如伟大的哲学家、批判思想家和政治领导人在言论和行动中所描摹的理想化愿景。在这种情况下，请让我们重新审视与混淆伴生的不诚实伪装、浪费、搭便车、污染和系统损害的问题。

在探讨浪费问题时，我们想象着对手之间的价值冲突：一方指责另一方的浪费行为，而另一方则坚称所讨论的行为是合法的。这就是在批评者指责"混淆搜索"插件的用户没有搜索真正感兴趣的关键词就是浪费带宽时，插件的用户回应称他们没有浪费，而是用它来维护合法的隐私权的事例。

同样，一个被指责污染数据集或损害系统数据挖掘能力的人，会反驳称数据集或数据挖掘的目的并不值得社会保护，或者至少不应该凌驾于混淆者逃避监视的期待之上。

通常情况下，声称混淆损害数据库或破坏系统，或者过度使用或浪费公共资源，并不能使人们想当然地将混淆定义为不道德的行为，除非他能够清楚地解释问题中的数据存储或系统如何促进实现更重要的社会目标，而这些目标比混淆者希望推而广之的相反目标更为重要。这些相互冲突的目标很少以要求数据收集者为其活动的价值进行辩护的方式被明确地或系统地解决。要了解目标的标准，需要询问数据收集，特别是数据库或信息流所服务的目的或价值，以及混淆的目的或价值。此外，还需要询问这些目标在社会、国家等集体层面，或者更广泛的政治承诺中如何发挥作用。迄今为止，对于美国运输安全管理局追踪和整理个人信息概况的行为，我们似乎给予了很大的自由度，因为其目的是为旅行者提供安全保障。因此，在这种情况下，即使个人出于保护隐私的目的进行混淆，我们对此也可能不会过多地容忍。关键是，目标会影响我们对数据收集伦理和混淆行为的反应。

但是，手段也很重要。即使是好的目标也不一定能够证明所有手段的合理性。在法律和政策中，我们经常被要求考虑比例原则，比如要求罪与罚相称。尽管混淆者必须为有破坏性的甚至有害的手段进行辩护，但质疑目标的行为无疑是合理的。你决定安装"混淆搜索"插件，可能并不是因为你反对基本的记录搜索日志的功能，而是因为你反对不可接受的极端做法，比如保留的详细数据过多、数据留存时间过长、对自身的使用没有进行适当限制。改进搜索功能，甚至将相关广告与查询相匹配以保留数据的行为似乎可以接受。但是保留数据以便改进流量广告的投放效果，并将搜索历史与其他在线活动相匹配使个人资料过度个性化、过度精确、过度亲密的行为未考量是否与搜索引擎的核心功能相称。这种追问在所有极端的信息监视中都是共通的，特别是在网络监视的场景中，普遍的在线追踪行为作为一种手段似乎极端不成比例，因为它只为商业广告的狭隘目的服务，即使这种追踪稍微增强了广告的投放效果。但混淆者也必须以非常具体的方式回答比例原则所提出的问题。因此，我们可能会认同"混淆搜索"插件的目标是合法的，但仍然希望限制噪声的数量，比如虽然是防止生成个人画像，但不会通过拒绝服务攻击使整个搜索引擎瘫痪。人们对各种比例之间存在界限的直觉是牢固而深入的。确切地区分合乎比例与不成比例从来都不是件容易的事，必须逐案划定。

  比例原则为特定的手段和目标、行为和反应之间的伦理标准提供了依据，但手段也可以通过比较标准加以衡量，例如其成本是否低于其他替代方案的成本。功利主义思维就是一个典型的例子。它不仅要求考虑行动或社会政策所带来的幸福是否大于不幸，或者其收益是否超过成本，还要求这些行动或政策在可用的替代方案中产生最佳比例。当混淆涉及欺骗他人、破坏数据集或破坏系统功能时，即使为了值得赞许的目标，遵循伦理的混淆者仍应探究是否存在其他手段，在伦理成本更低的情况下实现相同的目标。当然，我们可以比较与不同形式的混淆相关的各种成本是否有显著差异，但我们也可以不考虑迄今为止考虑过的种种成本，而只是考虑可否找到其他手段来实现相同的目标。

是否可以找到理想的混淆替代方案是值得考虑的问题，因为这样的方案既可以让混淆行为不会产生过度干扰，又可以实现同样甚至更好的效果。尽管在第3节中，我们回顾了一些标准的方法来抵制令人担忧的数据监视，但我们终究对这些方法没有太多期待。批评者建议选择"退出"，并表示"如果你不喜欢这种做法，你总可以选择不参与"，这种做法在时下火爆的移动应用程序、数字游戏和各种社交媒体上可能是可行的，但对于在线购物、"EZ通行证"（EZ Pass）和"飞行常客计划"（Frequent Flyer programs）来说选择退出既不方便又出奇得昂贵，而且放弃了许多监视载体——移动电话、信用卡、保险、机动车、公共交通，这对现在的许多人来说几乎是不可能的。

尽管从理论上来看，产业最佳实践和法律规定等其他替代方案有很大的潜力，但在实践中也存在很大的局限性。由于根本利益不一致和像"肉包子打狗"一样的愚蠢,有意义的数据实践限制不太可能由企业来主导设定。此外,历史上多次试图让不同行业规范各自数据的做法都没有成功,这使进行有意义的改革变得希望渺茫。虽然政府立法多多少少取得了一定的成效,[1] 但其影响乏善可陈,特别是在主体在线行为的监管问题上,立法的影响并没有作用到企业主体上。尽管联邦贸易委员会、商务部下属的国家电信和信息管理局以及其他政府机构坚持不懈地努力付出,同时还作出了坚定的承诺,但总体上依旧进展甚微。例如,在隐私政策中表达告知和同意仍然是保护在线隐私的主要机制。尽管有确凿的证据表明,它们表达含糊,篇幅冗长,还不断修订,数据主体对它们到底是什么压根就不清楚,最关键的是它们在实践中并没有限制数据收集与使用的程度和范围。此外,大多数人认为,建立网络浏览的不跟踪标准的尝试遭遇滑铁卢,大家为其所做的共同努力遭到来自广告业的破坏,[2] 斯诺登的

---

[1] Daniel J. Solove and Paul M. Schwartz, Privacy Law Fundamentals, second edition (International Association of Privacy Professionals, 2013).

[2] See Daniel J. Solove, "Privacy Self-Management and the Consent Dilemma," Harvard Law Review 126 (2013): 1880 – 1903 (http://ssrn.com/abstract=2171018); Lauren E. Willis, "Why Not Privacy by Default?" Berkeley Technology Law Journal 29 (2014): 61–134 (http://ssrn.com/abstract=2349766); James Grimmelman, "The Sabotage of Do Not Track," The Laboratorium, June 19, 2012 (http://laboratorium.net/archive/2012/06/19/the_sabotage_of_do_not_track).

爆料①进一步揭露了长期以来，包括美国政府在内的多国政府一直对公民进行大规模监控的事实。因此，个人有充分的理由质疑他们有关适当收集和使用信息方面的隐私利益能否很快通过传统手段得到保护。

4.2.2 公正与公平

到目前为止，我们已经表明，当混淆者及其批评者在伦理问题上产生分歧时，他们的分歧有时会被归结为对目标和价值的不同解读。批评者指责混淆者违反了合法性价值；混淆者则指责批评者说一套做一套，承诺和所作所为背道而驰。我们强烈认同在政治领域公开审议和讨论这些冲突。但是，我们也发现冲突在本质上是利益和偏好的矛盾，而不是目的和价值的对垒。这在我们讨论搭便车问题时就体现得特别明显。在混淆者被指责实施不端行为时，可能会指向数据

---

① 有关斯诺登事件的更多消息，参见 Glenn Greenwald, Ewen MacAskill, and Laura Poitras, "Edward Snowden: The Whistleblower Behind the NSA Surveillance Revelations," theguardian.com, June 11, 2013 (http://www.theguardian.com/world/2013/jun/09/edward-snowden-nsa-whistleblower-surveillance); Ladar Levison, "Secrets, Lies and Snowden's Email: Why I Was Forced to Shut Down Lavabit," theguardian.com, May 20, 2014 (http://www.theguardian.com/commentisfree/2014/may/20/why-did-lavabit-shut-down-snowden-email); Glenn Greenwald, No Place to Hide: Edward Snowden, the NSA and the U.S. Surveillance State (Metropolitan Books, 2014); Joshua Eaton and Ben Piven, "Timeline of the Edward Snowden Revelations, theguardian.com, June 5, 2013 (http://america. aljazeera. com/articles/multimedia/timeline-edward-snowden-revelations.html).

收集者单方面设定的交互条件，这些条件允许这些数据收集者在交互过程中获得剩余价值。与同行相比，对搭便车行为的抱怨引发了棘手的问题。例如，是应该将责任归咎于可能使同行受到更严格的审查或更多不利影响的混淆者更恰当，还是归咎于对审查或不利影响负责的人更妥帖。

在单独考虑双方针尖对麦芒的主张时，如果要让结果支持混淆者的利益和偏好，或者支持混淆者的目标，那么纯粹的伦理论证方案几乎是不可能成功的。然而，在更广泛的社会背景下，关于哪些偏好和利益可以被赋予最大认可的争议有很强的政治性。各方都认识到某些权益会优于其他权益，它们之间的优先级排序会经常引发权力、权威与利益以及负担和成本的重新配置，其实这些在本质上都事关公正与公平。几个世纪以来，当要解决哪些价值优先于其他价值的冲突的问题时，以及讨论哪些权利比其他人的权利更重要时，政治哲学家们都特别头疼。然而，除了权利和价值，社会还会寻求原则来管理各种资源的分配，以改善极不公平、不公正和不体面的结果，而不是将其留给个人、机构和组织之间的竞争，或政府有所偏好的行政命令。

为了完善我们对公正和公平分配权力、财富、权威等资源的推理，我们借鉴了政治哲学的最新著作。恳请读者和我们一起耐心地从广泛的学科传统中寻找洞见，以帮助我们解决现有目标和混淆者的利益诉求之间的僵局。尽管先进的技术、自由和进步的民主国家可能已经将这些原则融入法律法规，但这并不意味着我们只需参考现有的法律法规来回答有关隐私和混淆的政治问题。事实上，正是因为现行法律和政策尚未充分应对隐私保护方面的巨大分歧，我们才有必要参考基本原则来寻求更好的答案。

回到混淆者使对手的意愿或利益落空的情况。我们要问的是，对正义的考量如何指导我们的价值判断。约翰·罗尔斯（John Rawls）在《正义论》①中提出，作为一项基本要求，混淆不得侵犯或侵蚀基本权利和自由。这一要求质疑了依赖欺骗、系统破坏和利用行为的混淆，这些机制有可能侵犯财产、安全和自主权利。该原则建立了对这些机制的假设，除非能够明确证明自主权、公平待遇、言论自由和政治结社自由等通常与隐私权相关的自由具有相等或更重的权重，否则无法强有力地证立混淆正当化的主张。比如，第一个原则不费吹灰之力就揭示了罪犯使用混淆技术掩盖攻击并摆脱追踪的伦理问题。

各种主张之间存在细微差别，当两个对手争取的权利对彼此都没有明显的道德优势时，罗尔斯的第二个原则即"极大极小原则"（maximin principle）就发挥作用了。这个原则要求一个公正的社会应该优先选择"最差的结果优于其他结

---

① John Rawls, A Theory of Justice (Harvard University Press, 1971).

果中的最差结果的选择"①。在实践中，这意味着在权衡政策选择时，一个公正的社会不一定要寻求使不同个体或群体的地位平等的方法，而是在认识到绝对平等不可能实现或没有意义时，更关注社会底层民众的困境，确保无论选择哪种政策，都可以使这些利益相关者的切身利益最大化。换句话说，公正社会的政策水准应该最大限度地提高最低水平。

现在让我们回到先前的案例，分析一下关于浪费资源的争论，这里指的是浪费私人拥有的资源，而不是公共资源，因为关于公共资源的问题我们已经讨论过了，如脸书的资源因为有误导性的配置文件而被浪费等。在这个问题上，服务提供商和资源所有者声称，因为"专有权"（proprietary rights）允许他们根据自己的利益随意制定使用条款，所以从条款定义上来看，未经授权的行为是对他们的服务或资源的不道德使用或浪费。相比之下，混淆者声称他们被针对、被剥削、被损害，变得更加脆弱，他们只是为了纠正控制、权力和利益之间的不平衡，降低风险和不确定性。正如前面提到的，我们如何评估这些竞争性主张，将直接影响到我们对类似"混淆搜索"插件等混淆行为的最终定性。这些行为到底是应当被禁止的浪费行为，还是公允的合法行为？在没有明显道德争议的情况下，这些关于行使权利和特

---

① John Rawls, A Theory of Justice (Harvard University Press, 1971), 173.

权的政治选择，都要服从正义的"极大极小原则"。这将取决于个案中的具体细节，如"混淆搜索"插件、乌拉行动和推特机器人之间的具体差异以及它们所处的环境。

在对搭便车的讨论中，罗尔斯的第二个原则提出了一个问题，即那些制定使数据服务提供者能够从个人信息中获取剩余价值条款的公司是否有权获得这些价值。通过这个问题，我们可以看到，这些公司通过其服务条款单方面声明从个人信息中获得的利润和控制权利，实际上可以通过采用不同的社会政策进行重新分配。如果用户信息以极不合理和不公平的方式被交换（这当然是过分的），那么混淆者就不是搭便车。混淆者们可能只是违反了一种主张，而这种主张却是因为服务提供商没有充分认识到其对社会技术系统新信息流影响的制度产生的。类似的观点也适用于数据污染问题。尽管有些人支持数据收集者仅仅是因为他们收集和汇总了数据，因此有权保持其完整性，但我们认为，但凡有一项污染被指控成立，混淆者都无法证明混淆行为的社会价值。如果无法做到这一点，就需要提供大量的论据来支持这样的主张。因此，我们不能简单地假定任何价值只是或主要归属于数据收集者。尽管使用混淆进行隐蔽的个体确实有可能会降低数据池的纯度、给数据收集者带来额外的成本，或者否认数据收集者通过数据收集、汇总和分析所产生的剩余价值，但一个全面的观点应该考虑到数据的价值和数据收集者的合法要求。当存在搭便车或者污染数据的指控时，数据所有者的私人主张和混淆者的反对立场会被视为偏好或利益的冲突。在我们看来，在技术和数据的流动环境中，可以通过设立指向性财产权利来解决问题。如此一来，冲突与矛盾实际上就会转化成对这些财产权利的范围与程度的划定问题。这个问题仍然需要进行政治谈判和调整，理想情况下应结合罗尔斯的第二个原则来思考，并且应该考虑到社会的普遍繁荣和整体福利的需求。

对于归咎是非和道德责任的分配问题，也可以从政治角度进行评估。在判断搭便车和数据污染的责任时，尽管混淆者在这两种情况下都是建立因果关系的推动者，但道德责任还是可以被合理地归于被混淆的一方，除非这一方的活动和交易或数据实践确实是无可指责的。公正的考量既要看成本的公平分配，也要看利益的公平分配。①

包括罗尔斯在内的政治哲学家所提出的各种正义理论都认为，那些处于社会经济底层的人普遍关注的是相对一致的观念。在强调极大极小原则如何与混淆的政治属性相关的各种争论时，我们假定传统的或通常的衡量生活好坏的各种标准仍有相关性，这些标准包括强大或弱小、富有或贫穷、受教育程度高或低、健康或疾病，等等。我们

---

① Arthur Ripstein, Equality, Responsibility and the Law (Cambridge University Press,1999).

增加了对"富有者和贫穷者"（haves and have-nots）*在信息权力和知识不对等两个维度的差异的对比，这对全面理解极大极小原则至关重要。①

4.2.3　权力、知识的不对称性和信息正义

本书第一部分介绍的混淆系统所涉及的场景，普遍存在权力和知识的不对称。个人与企业、政府机构和组织之间的权力差异显而易见。这些机构和组织将个人置于监视之下，捕捉、收集和挖掘有关其活动的信息。不特定的数字公众②会拥有法官般捕捉细节的目光，也可能会对某些人施加惩戒性的审视。尽管正如我们在第一部分中所展示的那样，混淆可以被更强大的人用来对抗弱者，但更强大的人通常有更直接的方式来强加他们的意志。相对于这些更直接的方式，混淆通常不会那么强大或确定，并且只有少数强者才

---

*　这个短语形象地描述了那些拥有财富、特权、机会等资源的人（haves）和那些没有这些资源的人（have-nots），凸显了不同阶层在社会或经济上的不平等。——译者注

①　Jeroen Van Den Hoven and Emma Rooksby, "Distributive Justice and the Value of Information: A(Broadly) Rawlsian Approach," in Information Technology and Moral Philosophy, ed. John Weckert (Cambridge University Press, 2008), 376.

②　See Danah Boyb, It's Complicated: The Social Lives of Networked Teens (Yale University Press, 2014); Colin Koopman, "Internetworked Publics: The Emerging Political Conditions of the Internet," paper presented at Ars Synthetica: The Anthropology of the Contemporary, Santa Cruz, 2009.

会为了逃避其他强者的注意而使用。① 比他们更强大的人不太需要混淆，因为如果他们想要隐藏某些东西，他们有更好的方法可用，其中包括秘密分类、审查制度、商业秘密和国家暴力的威胁。因此，让我们考虑那些社会底层的弱者，他们可能会寻求混淆来平衡力量上的巨大差距。

对于那些不富裕、没有政治影响力的人来说，如果不能彻底重构根深蒂固的既有等级制度，那么他们依旧无法拒绝如今的社会交往条件；对于那些没有复杂的、可供使用的技术或并不精明的人来说，他们没有能力使用强大的加密技术；对于那些想"白嫖"超市折扣、使用免费电子邮件账户或购买一次性手机的人来说，混淆提供了一定的抵抗、模糊和尊严。正如阿纳托尔·弗朗斯（Anatole France）所说："在庄严的平等面前，法律同时禁止富人和穷人在桥下睡觉和偷面包。"② 对于那些因环境和需求而不得不放弃自己的数据的人来说，他们最需要的是桥下的庇护，无论这种庇护措施是多么临时且拮据，混淆都提供了一种补救手段。我们所说的权力不对称，无一不体现在传统的权力维度上，比如财富、社会阶层、教育、种族等。在当今以数据驱动的社会中，认知或信息的不对称具有极其重要的影响力。混淆既可能提供了防范已知的特定威胁

---

① Francisco Goldman, The Art of Political Murder: Who Killed the Bishop? (Grove, 2007).

② Anatole France, The Red Lily (Borgo, 2002), 64.

的保险，又可能防范了潜在的威胁，因为我们对这些来自政府或企业的威胁知之甚少。我们怀疑这些"不确定主体"能够获取我们在线上活动中产生和散布的信息，但我们根本不知道哪些信息会被采集，这些信息将被发送到何处，然后被如何使用以及会对我们产生什么影响，这便是认知不对称的极端形式。在这种情况下，混淆者可能看起来像一边在黑暗中挣扎，一边对抗未知的监控者，而混淆无疑为他们带来了一些希望。

尽管使用混淆可以驾轻就熟地对抗直接的权力和控制，但混淆所承诺的免受潜在对手的侵扰，让人想起了一种特别的政治威胁。在《共和主义：自由与政府的理论》(Republicanism: A Theory of Freedom and Government) 一书中，菲利普·佩蒂特 (Philip Pettit) 更倾向将自由定义为"不被支配"，而非实际的不被干扰，也就是非任意干预的安全性："人们或其他行动者，如政府或企业，不仅拥有任意干涉的权利（力），而且可能不会行使这种权利（力），这些行动者会失去这种权利（力）：他们被剥夺了行使这种权利（力）的能力，或者至少他们行使这种权利（力）的能力被严重减弱了。"① 从认知不对称的弱者视角来看，我们可能意识到，我们自身的信息和我们的活动所产生的信息，不管是在线上还是线下，都可以被那些在更高社会阶层的人以某种合理方式获得，并用来直

---

① Philip Pettit, Republicanism: A Theory of Freedom and Government (Oxford University Press, 1997), 73, 79.

接或间接地控制我们，决定我们能拥有什么，不能拥有什么，我们能去哪里，不能去哪里。随着社会接受大数据分析的承诺，相关性及聚类分析在决策制定中日益占据主导地位，个体可能越来越多地受到统计学上"有效"决策的影响，尽管这些决策在逻辑上充斥着"不合理"。① 在我们做想做的事被阻挠，或被禁止获得我们想要的物品时，我们的自由就会受到损害，但当其他人有能力以我们无法理解且我们认为是恣意的方式行使这种权力时，我们的自由也受到损害。按照佩蒂特的说法，"统治"（Domination）就是这样。共和主义并不排除个人服从适当形式的法律和政府，它只要求保障个体免受恣意干预的安全，"受到干预者的意愿或判断的支配：在特定情况下，这意味着它不被迫服从干预者所代表的利益和想法"②。

正如我们所论证的那样，在信息社会中，那些处于权力和认知不对称关系中的弱势一方，实际上也是社会中不太富裕的群体。他们会成为被监视的对象，但还不确定这种监视会对他们的命运产生怎样的影响，甚至他们都没有权利来设

---

① See Viktor Mayer-Schönberger and Kenneth Cukier, Big Data: A Revolution That Will Transform How We Live, Work and Think (Houghton Mifflin Harcourt, 2013), 94; Solon Barocas, "Data Mining and the Discourse on Discrimination," in Proceedings of Data Ethics Workshop at Conference on Knowledge Discovery and Data Mining, 2014; Tal Zarsky, "Transparent Predictions," University of Illinois Law Review 2013, no. 4 (2013): 1519–1520.

② Pettit, Republicanism, 80, 272.

置参与数据交互的条件。因此,在为一个公正的社会制定政策,并且这个社会会遵守罗尔斯的两个原则时,① 那些处于知识和权力不对称关系中的优势一方应该被允许通过符合伦理要求的混淆来表达他们的价值观、利益和偏好,即使这意味着侵犯了处于不对称状态的强势一方的利益和偏好。因此,我们应该坚持第一个原则的伦理要求,在满足了这一要求的前提下,根据第二个原则制定旨在解决在我们所讨论的案例中固有的利益冲突和偏好的社会政策,并关注这些政策正在发挥的重要贡献。对那些身处权力和知识不对称中的弱者而言,这些政策大概率会提升他们的社会地位。*

4.2.4 为他人谋福祉

在本节的结尾,让我们来讨论混淆所面临的最严峻的挑战:当混淆的目的是实现超越个人主体本身的社会利益时,它能否被容忍。随着我们对大数据背景下知识和决策范式的了解越来越深入,并看到它可以服务多数人的集体利益,有关个人义务的问题也随之涌现。② 混淆者可能并不愿

---

① Rawls, A Theory of Justice.
* 罗尔斯撰写的《正义论》的基本观点并没有超越洛克等人的天赋人权理论,不过他引入"无知之幕"(the veil of ignorance)所构造的原初状态,并引入"极大极小原则"(maximin principle)所构造的社会契约论,与洛克等人直接诉诸天启理性的社会契约论相比,论证要精致得多,也少了一些神秘性,从而比较符合现代的论证。——译者注
② Mayer-Schönberger and Cukier, Big Data; Turow, The Daily You.

意为了集体利益付出相应的成本，而分担这种义务的范围究竟是什么，它的限度在哪里？个人是否有责任交付任何被要求交付的东西，接受任何服务条款，并且即使存在成本，也要作出奉献？例如，患有罕见疾病的患者是否有义务参加研究，将他们的数据并入样本以改善研究结论的统计分析结果？但如果此举要这些病人真真切切地付出代价呢？

"伦理混淆者"（ethical obfuscator）的困境类似"道德公民"（ethical citizen）的困境，后者总被期望通过缴纳税款或服兵役等方式为集体利益做出贡献。有些人可能会说，我们必须履行每一项义务，不仅要为共同的数据储备作出贡献，而且还必须以诚实、准确、勤恳的方式作出自己的贡献。诚然，即使确实存在某种义务感，那又是什么原则决定了它的边界，特别是如果它会产生不同的风险或成本呢？伦理通常并不要求"过度履行义务"（supererogation）*，而自由民主国家也不要求或是容忍为了多数人利益而牺牲一些无辜个体，即使人数足够少。那么我们该从哪里划定界限？哪些正义原则可以指导我们在这些问题上作出决策呢？

杰里米·沃尔德伦（Jeremy Waldron）观察到，在"9·

---

* supererogation 本意为"超出职责范围"，也指超位行为。一般而言，超位行为在道德上是好的，尽管不是严格必需的。尽管大多数文化中的共同话语允许这种行为，也往往对它们特别重视，伦理理论中也很少直接且系统地讨论。参见 https://plato.stanford.edu/entries/supererogation/。——译者注

11"恐怖袭击事件之后,公民所享有的安全和自由的平衡开始向安全一端倾斜。① 虽然在不同的价值观、权利类型之间进行比较后,社会政策要求动态调整公民权益并不罕见,但沃尔德伦提醒我们,这种权衡必须得足够明智,并对后果给予谨慎关注。其中一个必然后果是对分配的影响,损失和收益、成本和利益应该公平地在个体和群体之间承担。沃尔德伦担心,当我们主张集体放弃一定程度的自由以换取集体安全时,会出现一个不小的论证缺漏,因为这样可能会出现部分个人或团体的自由会为了所有人的安全利益而遭受不成比例的损害,甚至他们可能会被完全排除在集体利益之外。如果将这种担忧扩展到用个人数据倒贴集体利益的问题,现实就会提示我们不仅要考虑成本与收益的总和,还要考虑谁付出了成本,谁享受了利益。通常来说,公司以改善服务或安全为由为贪婪地获取数据的行为辩护,但对关键细节含糊其词。例如,现有客户和数据贡献者是否在服务那些没有贡献数据的新客户,以及从这些数据中提取的价值有多少属于数据贡献者,又有多少属于公司。我们必须回答这些问题,才能解决关于数据主体对共同数据存储作出贡献的义务的性质和范围的争议。

---

① Jeremy Waldron, Torture, Terror and Trade-Offs: Philosophy for the White House (Oxford University Press, 2012).

4.2.5 风险和数据

在我们推崇大数据造福大众时,风险相应地成为一个经常被提及的话题。大数据的支持者们表示,数据可以帮助减少来自恐怖行动和犯罪、无效医疗、不良信贷决策、教育不足、能源使用效率低下等方面的风险。根据这些说法,个人提供自己的信息是理所应当的,就像我们在机场慷慨地展示行李箱里的东西一样。按照这种主张的逻辑,混淆者在减少、剥夺或颠覆"共享资源"(common stock)等方面是不道德的。这种说法能令人信服,甚至无可辩驳吗?需要注意的是,正义也要求我们关注分配和公平:谁承担风险,谁可以受益?我们并不断然否定这些主张,但在这些问题得到解决之前,就不可能存在这样的义务。例如,为了行为广告的效果在线跟踪用户,这种做法微不足道,却无处不在。[1] 广告网络运营者会声称,在线跟踪和行为广告减少了广告费打水漂的"风险",比如向非目标消费者提供昂贵的广告,或向不赚钱的消费者提供有吸引力的优惠。虽然这确实会降低经济损失的风险,但所有人提供的信息只是改善了少数人的生活,后者主要还是提供此服务的广告网络联盟,可能还有广告服务商,以及他们试图吸

---

[1] Turow, The Daily You; Hoofnagle, Soltani, Good, and Wambach, "Behavioral Advertising."

引的有利可图的客户。我们在讨论为了减少信用欺诈而进行数据聚合时提出了类似的观点：强调降低风险往往过于简单化，因为风险在总体上可能并没有降低，即使降低了，也不是所有人的风险都会降低。实际上，风险被转移和重新分配了。同样，我们也对不适当的医疗信息披露提出警告，这可能会增加某些信息主体的风险，同时降低另一些信息主体的风险；或者为了价格歧视而收集和挖掘数据，这会对处于监视之下的消费者施加风险，同时降低从数据画像中获益的商家的风险。

4.2.6 小结

混淆对传统伦理提出了重要的挑战，任何设计或使用混淆的人都应该认真对待这个挑战。我们仔细审视了其中的端倪，并在伦理层面探讨了与它们有关的背景和条件。我们发现，解决伦理挑战往往涉及对政治和必要妥协之间的衡平。在大家对社会目标、伦理价值等的相对重要性产生分歧时，在衡平对相互竞争的非道德主张、实物和风险的分配时，政治都会发挥作用。当进入政治领域时，混淆必须经受正义设下的考验。然而，如果必须对混淆者进行这样的考验，那么我们也必须同时向数据的收集者、服务者、跟踪者和分析者施加同样的考验。我们发现，在数据承载的美好前景和实践里的喧嚣辩论中，人们对公正和风险转移问题的呼吁并不够。在他们所建构的数据体系中，现有的保护和缓解措施也并不够。在这种背景下,混淆提供了一种寻求再平衡的手段。在它帮助弱者抵制强者的支配时,这种手段是可以合乎伦理期待的。无论如何,一个公正的社会必须留出这条"逃生通道"(escape hatch)。

5 混淆会起作用吗?

混淆会起作用吗?产生多余数据的少数个体如何能够抵抗资金充足、商业战略明确的机构,更不用说像谷歌、脸书、Axciom 和美国国家安全局这样的大数据巨头了。当这些疑虑一次又一次地被提起时,我们也逐渐认识到,当人们询问混淆的可行性或普遍性时,总会质问一句:"它到底行不行?"对此,合理的回答是:"是的,但得看情况。"这取决于行为目标、混淆者、对手、可用资源,以及其他很多相关的因素。这些因素反过来又决定了设计和执行混淆的手段、方法和原则会各不相同。

我们之前设想的典型场景涉及个体在信息生态系统中的功能,而这些生态系统通常不是由他们自己创建或选择的。相较这些生态系统的设计者、运营者、管理者和所有者,个人数据主体处于知识、权力或两者兼而有之的不对称关系中。

尽管人们意识到有关他们的信息或由他们产生的信息对于这种关系来说是必要的，但有很多细节他们是不知道的，比如有多少数据被采集了？它们会被怎么利用？他们自身会受到什么影响？他们可能对自己所在的生态系统有足够的了解，无论是自觉地还是无意识地加入。从网络搜索到面部识别，他们都相信或认识到约定俗成的做法是不恰当的，但同时也认识到他们无法合理地摆脱这些做法，也无法在生态系统内部适当地改变些什么。

混淆是否有效？对这个问题的回答取决于个人数据的单方面转化是否能被特定的混淆方式实现。这似乎是一个关于特定问题的解决技术的简单问题，但仔细审查后会发现，这实际上涉及好几个问题。混淆是否有效，取决于现有情况、在术语方面所期望的变化、满足这些期望的标准以及正在考虑的特定混淆的架构和特征。这就是为什么要用"看情况"来回答"混淆是否有效？"这一问题。这种回答方式并不是故意开玩笑，相反，它倒更像是一种探索未知的邀请，邀请我们去观察在混淆发挥作用时，其所处的信息生态系统有何重要而显著的特征。除了这些因素，我们还试图将设计混淆的可能性纳入项目发起者和用户的不同目标。因此，我们需要在本节回答两个问题。我们可以将问题"混淆是否有效？"拆分为"混淆如何为我和在我的特定场景中发挥作用？"与"混淆在一般情况下是否有效？"下面，我们将回应这两个问题。总体上的答案很简单：是的，混淆可以发挥作用，但它是否以及在多大程度上有效取决于如何应对威胁、实现目标和满足其他具体的因素。本节围绕着这个思路，提出了一系列问题，以便我们能游刃有余地混淆。

5.1 混淆有效果，关键看目标

在安全与隐私理论界，有一个公认的说法：每一个"它是否有效？"的问题的答案都是"得看情况"。要保护某样东西，使其私密且安全、被严格保管，就需要做出许多权衡。保护东西需要时间、金钱、努力和注意力，而且会增加组织的和个人的利益摩擦，同时减少使用许多工具和服务带来的机会和便利。对于个人而言，完全逃离数字监控的方法很简单：像移民的劳工那样过着20世纪20年代那种没有身份证的生活，没有互联网，没有电话，没有保险，没有资产，乘坐最差的火车，靠打黑工挣微薄的收入。这虽然很简单，但代价却非常高，因为"一切"威胁模型宽泛得令人发指。当我们想到如何权衡组织安全时，我们可以想到间谍模仿剧《酷探特工》[*]中

---

[*] 《酷探特工》（Get Smart）是美国著名的间谍模仿剧。该剧从1965年至1970年在美国播出了5季。该剧以幽默和滑稽的方式讲述了探员马克斯韦尔·斯马特（Maxwell Smart）[由唐·亚当斯（Don Adams）饰演]和他的合作伙伴 Agent 99[由芭芭拉·费尔顿（Barbara Feldon）饰演]的冒险故事。该剧的故事背景是一个名为 CONTROL 的间谍组织，他们与邪恶的组织 KAOS 进行斗争。斯马特是一个蠢笨却善良的特工,总 (转下页)

的"安全锥"。① 它被用于绝密会议，效果非常好，因为就算是里面的人也压根听不到彼此的声音。* 它完全私密，但毫无用处。②

威胁模型帮助我们了解对手在寻找什么以及他们能够找到什么，从而降低安全和隐私的成本，这样我们就可以有针对性地防御这些危险。③ 如果知道你的组织会遭遇高级别的信息安全攻击，那么你应该在所有计算机的 USB 端口上糊上橡皮泥，并将敏感信息存储在永远不联网的"真空"（air-

---

(接上页) 是在执行任务时遇到一系列困难和笑话。他经常依靠 Agent 99 的智慧和技能来完成任务。这部连续剧以其搞笑的情节、夸张的角色和滑稽的对白而闻名，同时也嘲笑了其他间谍题材的电影和连续剧。该剧在当年取得了巨大的成功，并赢得了艾美奖等多个奖项，成为美国电视史上的经典之作。——译者注

① Get Smart, "Mr. Big," September 18, 1965.

* "安全锥"（Cone of Silence）是《酷探特工》的标志性道具之一，经常被用作幽默和搞笑的元素。安全锥由两个透明的圆锥形罩子组成，每个罩子都安装在会议桌上方的支架上，以防止他人窃听。当需要进行秘密讨论时，主角斯马特和其他特工会使用这个道具。然而，安全锥在剧中经常出现故障，导致斯马特和他的合作伙伴之间出现误解从而上演搞笑情节，比如罩子无法正常工作，他们必须大声喊叫才能听到彼此的声音，或者罩子没有完全密封，导致会议内容仍然被他人听到。——译者注

② See Cynthia Dwork and Aaron Roth, "The Algorithmic Foundations of Differential Privacy," Foundations and Trends in Theoretical Computer Science 9, no. 3–4 (2014): 211–407 (doi: http://dx.doi.org/10.1561/0400000042); Cynthia Dwork, Frank McSherry, Kobbi Nissim, and Adam Smith, "Calibrating Noise to Sensitivity in Private Data Analysis," in Proceedings of the Third Conference on Theory of Cryptography, 2006 (doi: 10.1007/11681878_14).

③ Adam Shostack, Threat Modeling: Designing for Security (Wiley, 2014).

gapped）服务器上。但是，如果你不相信会面临这样的危险，为什么要剥夺人们使用 USB 存储设备的便利呢？混淆通常需要与特定类型的威胁相关联，这些威胁受到必要的可能性限制。一直以来，我们强调混淆者在某种程度上已经暴露了，比如在面对雷达、审查公开法律文件的行为、安全摄像头、窃听行为、网络搜索提供商以及通常遵循服务条款定义的数据收集行为时。此外，人们暴露在信息不对称的弱势一侧，而且这种未知的暴露在很大程度上会随着时间的推移进一步加剧，因为数据和分析系统无时无刻不在相互通信、汇总和分析。我们把这种可预见性作为一个起点，来思考混淆可以发挥怎样的作用。

实话实说，我们未曾有过一个最佳的威胁模型。混淆者可能没有足够的经济积累、研究水准或培训资源来构建上述那样的模型。我们处于弱势地位，不得不接受我们本应拒绝的选择。如果是这样的话，必须得做些事情（下面会有更多的讨论），我们必须对我们想要完成的事情有一个清晰的认识。想想达娜·博伊德（Danah Boyd）对美国青少年使用社交媒体的研究。在美国，青少年会受到大量的审查，几乎所有的审查都是在未经他们同意或未在他们的控制的情况下进行的，比如他们的父母、学校以及其他权威人士。社交媒体似乎也使他们受到更多的影响。从隐私的角度来看，他们是默认接受审查的，毕竟让青少年待在所有人的眼皮底下，毋庸置疑对他们是有好处的。博伊德写道："随着青少年接触到特定的技术，他们会根据自己的目标做出决策。"① 而他们想要达到的目标往往是分享内容，而不是分享意义。他们不一定能为自己的网上社区创建秘密的社交空间，父母可以要求他们提供社交网络账户的密码和手机的访问权限。相反，他们使用各种各样的技巧和策略，假设每个人都能看到他们做了什么，然后表现得只有少数人能理解他们的行动的意义。"限制对意义的访问，"博伊德写道，"可能是更好的隐私保护工具，而不是试图限制访问内容本身"②。他们不一定使用混淆的方法，而是在很大程度上依赖微妙的社交暗示、参考和细微差别来创建不同受众阅读的信息，这是一种"社会隐写"（social steganography）的方法，但他们强调了理解目标的重要性。目标并不是消失或对信息保持完全控制（这基本上是不可能的），而是限制和塑造能够准确解释每个人都能看到他们行为含义的社区。

　　混淆也大致如此。我们收集的许多混淆实例和实践都是对特定目标的表达，这些目标以探索性、可见性或脆弱性作为起点。我们已经讨论了所有的因素，人们总是无法逃避某些类型的数据收集和分析，因此问题变成"混淆者想通过混

---

① Danah Boyd, It's Complicated: The Social Lives of Networked Teens (Yale University Press, 2014), 65.

② Danah Boyd, It's Complicated: The Social Lives of Networked Teens (Yale University Press, 2014), 69.

淆搞定什么？"对这个问题的回答给我们提供了一组因素（选择、约束、机制），并且这些因素可以用来塑造我们对混淆的运用方法。

5.2 我想使用混淆技术

在这世上不存在一个无法被破解的保险柜。保险柜的安全等级一般以小时为单位，看攻击者根据不同的工具组合，需要多长时间才能打开柜门。[①] 除了紧锁家门、加装警报器、增派警卫和执法人员，人们购买保险柜是为了额外的安全保障。在一个在20分钟内保准能出警的辖区，用一个带报警器的"一小时保险箱"可能就足够了。如果我们把这个例子稍微抽象一下，就可以用它来描述混淆的目标。混淆的强度像保险柜，并非只由单一的客观标准来衡量，而是要看与目标和具体场景的关联是否足够强。混淆可以单独使用，也可以与其他隐私保护技术一起使用。混淆成功与否不仅总是与其目的相关，同时也和是否考虑限制因素、认识和权力不对称以及不公平的竞争环境有关。

在收集不同的混淆案例时，我们注意到，尽管一个机制可能与多个目的或目标相关联，中间的目的有时也被用作实现其他目标的手段，但是总体而言，这些十分相似的目标和

[①] Gion Green, "Rating Files, Safes, and Vaults," in Handbook of Loss Prevention and Crime Prevention, ed. Lawrence Fennelly (Elsevier, 2012), 358.

用途出现了很多次。虽然它们之间也有细微的区别，但我们已经将目的和"结果"（ends）简化并整合在一起，使它们更方便地被用于设计和实践。它们大致按照相互包含的顺序排列，从争取时间到表达抗议。比如，第五个目标是干扰用户画像，它可以包括一些早期的目标，如提供掩护，而这个目标又可以被第六个目标表达抗议包含。几乎所有的混淆都会增加监视、分析和处理数据的难度，所有更高级别的目标都包括第一个目标：争取时间。当你确定适合的目标时，可以根据当下的情况逐步提升混淆的不同等级。

在实施混淆时，我们应该持怀疑态度。比如，持怀疑态度的读者就可能会注意到，我们不再过分依赖强大的团体出于恶意目的而使用混淆的例子，如使用推特机器人来阻碍选举抗议、社交网络骗局中的点赞农场或企业之间的商战[*]。我们希望本节重点介绍混淆如何被用于积极的目的。

如果你对前一节中我们着重分析的一连串问题都能得到满意的答案，那么这一节肯定也适合你。我们从你想使用混淆来赢得一些时间开始。

5.2.1 赢得时间

箔条攻击起作用了吗？毕竟，箔条在短短几分钟内就会

---

[*] 不同企业之间的竞争和对抗，通常涉及市场份额、客户竞争、产品竞争、市场营销策略等方面。这种商战形式可以包括价格战、推出竞争性产品、广告攻击、法律诉讼、破坏合作关系等手段，旨在获得竞争优势和市场地位。——译者注

飘到地上，天空会再次空旷，雷达又可以正常扫描。当然，飞机这时其实已经飞出了敌军雷达的监测范围。

从某种意义上说，旨在争取短暂时间的混淆，是那么的优雅而简单，但它们需要对复杂的物理、科学、技术、社会和文化环境有深刻的理解。获得成功并不要求你赢得特定量的时间，或尽可能长的时间，它只要求你争取到足够的时间。比如队友之间相互照应打配合，甚至只需要延长翻阅文件的过程，让对方困于案牍之中，或陷于对真假信息的择择拣拣中，都可以为实现特定目标助力。大多数混淆在与其他隐私保护技术或抗议技术相结合时最有效，对于拖延被发现的时机这一方法来说更是如此，因为这种方法除了要依赖其他规避和抵抗手段，还必须对自己的对手了如指掌。（请参见"5.3 我的混淆项目是？"中的相关讨论。）

5.2.2 提供掩护

本小节和下一小节相关又不尽相同，它们从不同的角度解决了同一个问题：阻止对手将特定活动、结果或对象与行为者明确联系起来。为了提供掩护，混淆会将行动隐藏在其他行动中。某些方法可以经得起严格审查，而其他方法则依赖特定场景提供的掩护。想想本书一开始提到的杂音卡带，它将关键的信息埋藏在数十条音轨中：我们知道好多人在说话，但不知道他们到底在说什么。再来看看乌拉行动最终采用的方法：不仅仅加密电子邮件，而且还能将加密的邮件完美隐藏在平凡无奇的国际商务往来之中。除了加密和高超的安全措施，作为额外的保护措施，非国大特工利用与他们类似的信道进行通信，来避免被监听。由此可见，一种方法假定有严格审查，另一种方法则努力做到被忽视，每种方法都有其适用场景。

5.2.3 为了否认

如果提供掩护将行动隐藏在其他行动中，那么提供可否认性将真实意图隐藏起来，使找到行动和行为者之间的关联更加困难。使用洋葱路由的一个好处是它带来了额外的"麻烦"：这个流量是从你这里开始的，还是你只是为别人传递信息？"混淆搜索"插件具有类似的机制。对此，我们将在接下来"干扰个人画像"的小节中对其进行更详细的讨论。同样，使用模拟上传到"维基解密"的方法导致确定某个特定 IP 地址在会话期间上传了某个特定文件更困难。最后，想一下那些互换 SIM 卡那样简单的方法：它并不掩盖携带手机和拨打电话的活动，但让人很难在任何时候都能确定是否是某个人在使用这个电话。虽然提供可否认性与提供掩护和防止个人观察有点混淆，但当你知道对手想找寻特定的人时，它特别有用。

5.2.4 以防个人暴露

这个有些不寻常的目标一开始可能听起来很普遍。有人会问,难道不是所有混淆都希望防止个人被观察吗?但我们想分析的是更具体的内容。某些混淆很适合用于实现积极的社会效果,即让个人、公司、机构和政府能够使用全部数据,并且在使数据集成化的同时防止数据被用于观察任何特定的人。保护隐私的"参与式感知"(Privacy-preserving participatory sensing)可以收集"车流"(traffic flows)中有价值的聚合数据,而不透露关于某个特定车辆的任何真实信息。隐身斗篷在防止定位移动服务提供商跟踪用户的同时,保留了这些服务的重要社会功能,提供了其他赚钱的途径。会员卡的相互交换为杂货店和连锁零售店提供了他们所期望的大部分好处,这些卡推动了他们的业务的发展并提供了有用的人口统计数据、邮政编码或购买数据,但防止了他们编制特定购物者的个人画像。

5.2.5 干扰个人画像

更高级别的目标是干扰个人画像的混淆,它可能会干扰对个人的观察或对群体的分析,为人们提供掩护或可否认性,或者可能增加数据业务的时间和金钱成本。它可能保留有用的聚合数据,也可能充满模糊性、合理的谎言和无意义的信息。

"涡流"(Vortex)是一种cookie交换系统,它可以使用户在不同身份和配置文件之间切换。如果它在原型阶段之外得到广泛应用,那么它将使在线广告变得一文不值。我们所描述的各种"克隆"和虚假信息服务提供了类似的工具，以使个人画像变得不那么可靠。"混淆搜索"插件提供了搜索查询的可否认性。例如，关于"加入茶党"还是"毛绒玩具"这个查询是你发起的，还是其他人发起的？这是为了使个人的"搜索记录"（search query）大体上不那么可靠。你可以信任哪些搜索请求？哪些搜索请求界定了搜索者所属的群体？又应该对哪些提供广告，并且根据法庭传票应该提供哪些用户活动和身份？

5.2.6 表达抗议

当然，"混淆搜索"插件本身就是一种抗议姿态，就像我们的其他例子中的许多行动一样，例如互换 SIM 卡的激进分子和戴着盖伊·福克斯面具的人群。许多混淆可以满足或有助于实现常见的目标，同时也可以表达内心的不满或拒绝。你应该自问混淆是否让你不被注意，是让你看起来人畜无害，还是让别人知道你的不满。

5.3 我的混淆项目是？

现在，你已经大概了解了自己的目标，我们可以转向剩下的四个问题，这些问题以上述目标为基础并成为混淆不可或缺的一部分。正如我们前面所提到六个目标一样，这些问题之间可能会存在一些重叠。它们将决定混淆的具体运作方式，但并非完全独立，并且对彼此也有一些影响。我们根据它们在实施混淆中的作用将它们区分开。

5.3.1 是个人还是集体？

你的混淆是一个人就可以有效地执行，还是需要集体行动？一个戴面具的人比一个不戴面具的人更容易被识别和追踪，但一百个戴同样面具的人就变成一个具有集体身份的人群，这使对行动的个体归因变得困难。一些混淆策略可以由个人或小团队使用，但随着更多人的加入，它们将变得更加有效，反之亦然（请参阅下面的"是已知还是未知？"部分）。一种依赖融入并且不被注意的技术将在被广泛采用的情况下变得更加脆弱。

从你对本小节问题的回答中，可以得出两个结论：

首先，建立在集体行动基础上的混淆，可以通过"网络效应"来实现更好的效果。换言之，随着更多的用户加入，该技术对所有现有用户而言变得更可靠或更"抗造"，那你可以从攻克这一防御的角度来考虑对混淆机制的设计。在此基础上，新加入的参与者将会显著提升混淆的效果，你甚至还可以引发一波推广与普及。你的技术是否需要一定数量的用户才能真正有效？如果是，你将如何实现这一点？这是一个机会，可以思考技术是否可以"规模化"，一旦被大量采用，仍能持续提供效用。这也涉及可用性：一项需要许多用户才能成功的技术，应该在可用性、可理解性以及友好性方面花很多心思。如果你采用的混淆需要一定数量的用户，那么计划中必须包括如何吸引他们。例如，洋葱路由项目已经意识到需要提供更多面向非专家用户的便利。

其次，依赖相对不被注意的技术，并利用这种无关性来获益。这些技术不被广泛采用，或者也不是对手正在寻找的东西，因此也就相对更秘密，也更安全。

5.3.2 是已知还是未知？

有些混淆利用其融入无害数据的能力来免予审查；而另一些则利用它来刻意逃避审查。对于你想要实现的目标来说，如果对手知道你正在使用的混淆方法，或者如果对手熟悉这一整套的方法，你的混淆还能起作用吗？

对于许多只是争取时间的混淆来说，也许上述问题的答案并不重要。例如，无论敌方的雷达操作员是否认为雷达屏幕上大量的圆点就代表了真正的飞机，都不会影响他们的防空炮的协调反击能力。只要雷达操作员被拖慢10分钟，箔条提供的混淆就是成功的。更复杂的混淆可以实现不同的目标，具体取决于对手是否知道它们被使用。例如，如果对手并不知道我们使用了"喋喋广告"插件，那它可以破坏对个人画像的分析，使记录广告点击行为变得不加选择从而毫无意义。如果对手知道它的存在，那么它既会妨碍对个人数据的分析，又以拒绝的姿态起到抗议的作用，就像在嘲讽："费老大劲儿设置监控，来让我点击几个广告？那我就把所有的广告都点了!"

然而,在某些情况下,这种区别很重要,必须加以考虑。如果你的目标是使数据库长期失去效用或价值,以便让你的对手继续使用不靠谱的数据,从而根据误导信息或虚假信息采取行动,那你就需要让混淆始终对对手保持未知状态,这样混淆数据就不能被选择、删除或对抗。而作为公开抗议的主要方式,混淆则需要明确显示其混淆特征,以彰显拒绝而不是配合的姿态。

5.3.3 是选择性的还是普遍性的?

这应该是混淆议题中最复杂的问题。要想回答它,必须兼顾四个不同的方面。

上面讨论的每一个目标,在某种程度上都依赖对对手的了解。通常情况下,这种了解无论是被确定为具体的威胁模型,还是基于信息收集的猜测,都是零散的、缺乏核心的或者会受到其他威胁的干扰。我们对混淆的研究兴趣最初来自那些使用混淆的人,他们经常无法精确了解他们面临的隐私挑战:它是专有的、机密的,或者依赖他们无法理解的技术和技巧,或者"对手"包括自愿提供数据的其他人,或者该问题存在于当前和未来可能存在的漏洞中。除了要清楚了解混淆的局限性,我们在了解自己的对手的同时,必须牢记我们所不知道的东西,并警惕仅依靠单一技术来保护敏感信息的风险。这引出了一个问题,即特定的混淆策略到底有多少针对性？它是一种掩盖自己的行踪的普遍尝试，还是针对特定威胁产生的混淆噪声？对这个问题的回答，自然引发了更多的问题。

第一个问题是，你的混淆是针对特定对手，还是针对可能收集和利用你的数据的任何人？你是在拖延或阻止特定的分析环节，还是仅仅试图尽可能制造"噪声"？苹果公司收购克隆专利概述的策略就是后者的一个例子：为可能收集数据的任何人生成多个用户的克隆变体，这些数据都产生了可信的数据。如果你了解对手，了解对手的技术和目标，那么你在实施混淆时就可以更精确，也更有针对性。

如果你了解你的对手，就会出现第二个问题：对手是在针对你或一整个特定群体，还是你受到了更普遍的数据聚合分析？如果是前者，你必须找到方法有选择性地误报你的数据；如果是后者，则对混淆者提出了不同的任务：尽可能用更多样的形式产生误导数据。

这又引出了第三个问题：你的混淆带来的是有选择性的好处还是普遍的好处？考虑到数据监视中的大部分工作不是关注个体，而是从更大的群体中通过分析和推断等方式利用数据。此时使用不同的混淆策略，会产生不同的效果。你的方法可能只是混淆了你自己的行踪，也可能使整体数据的分析结果不够可靠。例如，如果"混淆搜索"插件起到了作用，它不仅有可能使数据分析者对爬取到的个人数据产生疑惑，也有可能影响整个数据集中其他的个人信息。

当我们一同思考混淆最终会使谁受益时，第四个问题呼之欲出：你的目标是产生普遍难以理解的数据，以便没有人知道什么是真实的、什么是被混淆的，还是让产生的混淆数据对你的对手而言价值大打折扣，甚至一文不值，却可以向需要知道真实情况的人提供真相？想想 FaceCloak，它通过为脸书提供无意义的噪声来阻止其获取个人数据，同时将实际的、重要的个人和社交数据提供给用户的好友。再思考一下一个旨在保护有社会价值的数据的系统。例如，从人口普查中得到数据，以便有效分配资源或高效管理，同时防止识别其中某个具体的数据主体。创建一个有选择性的、易读的系统，要远比简单地编造看似合理的虚假数据集更具挑战，但这样的系统在保护隐私的同时会带来更广泛的好处。因此，在项目开始时就应该考虑到创建它所面临的困难和挑战。

5.3.4 是短期还是长期？

最后一个问题是，你的混淆应该在多长时间内有效？要想回答这个问题，需要我们将争取时间的目标作为思考的起点。你想让情况混乱十分钟，是一回事；但是，如果你要使某些数据库永远不可靠、不可信，基本没办法再用于推断或预测，那就困难得多了。混淆可以通过时间要素来解决信息不对称问题，就如同我们在第 3 节中讨论的"机器人穿越"问题。某些数据现在看来可能是无害的，但场景的变化、所有权的变更、工具或法律的更新都可能使同一数据变得异常危险。你所选择的混淆是只需要对眼前的情况奏效，还是只针对某个问题、某个公司和某种收集和分析技术？又或者需要破坏数据，使它们压根没办法使用或者不再让人放心？前者并不容易，但相对直接明了。后者涉及一系列更广泛的挑战，但如果在广泛采用混淆技术或者机制之后才意识到它只是为了临时的干扰而已，或者它只适用于受特定国家的法律约束的公司，那么此时调整混淆策略就真的已经来不及了。

带着这六个目标和四个问题，我们可以评估制定混淆策略的基本要素以及一些可能存在的陷阱。当然，问题并不止于此。作为一种可行的实践方式和对压迫性数据制度的有力且可信的回应，混淆需要一些条件才能发展和推广。这些条件包括：

（1）在相关的科学和工程领域取得进步：采用开发统计学、密码学、系统工程、机器学习、系统安全、网络和威胁建模等方法，来解决以下问题：需要多少噪声？需要什么样的噪声？如何针对噪声的目标进行定制？如何防止攻击？以及对于特定的问题，混淆是否是正确的解决方案？

（2）在相关的社会科学、理论和伦理学领域取得进步：解决关于个人在使用混淆时需要和想要什么的问题，对拟议的混淆进行全面的规范性评估。

（3）在技术政策和法规方面取得进步：保护开放和公开

的标准和协议，让混淆系统的开发者可以访问并参与关键基础设施的建设；鼓励大型的、面向公众的系统为开发者提供开放的 API；拒绝执行禁止合理的混淆系统的服务条款。

混淆作为一种谦抑、临时、聊胜于无的社会性措施，深深地与使用场景相交织。你是否会使用混淆来表达拒绝的态度，并以示抗议，无论它是否真的能让数据收集变得不那么有用？你是否拥有一个为所在集体和对手量身定制的隐私保护工具箱，而混淆是其中一种行之有效的工具？混淆是否能够与特定的数据分析策略相互配合、相互验证？也许你正在政策层面上使用混淆，或者你正在增加滥用数据收集的手段所需的成本，以此来增加无差别监控的各种负担。或者，你可能正在开发一个专门用于提供混淆服务的软件，而这个软件除了用于混淆，就别无他用。你可能拥有相当丰富的技术、社会、政治和经济资源，或者你可能正在填写各类机构的注册表格，或在网络互动时没有太多选择。然而，无论你面临什么情况，我们上面所提及的都是混淆在不同领域中的典型问题。通过解决这些问题，你可以为混淆的普及和推广提供一个新的起点，并作出有益的贡献。

结　语

　　混淆并非我们的发明。最初，我们在为干扰搜索引擎日志而开发浏览器插件时碰巧发现了它，后来才意识到混淆具有广泛的应用前景。我们集思广益，给它取了"混淆"这个名字，澄清它独特而重要的价值，使其能够被提炼成理论工具，从而用它着手解决信息技术、通信网络和数据收集与分析中最棘手的隐私难题。正如本书的第一部分所展现的那样，在我们着手研究混淆时，就会惊讶地发现它的应用之广超乎想象。

　　在第二部分，我们阐述了混淆为什么可以作为一种隐私保护策略，混淆会引发哪些伦理问题，以及混淆在实践中需要重点考虑的问题。自始至终，我们特别强调混淆只是隐私工具包的一部分，而不是完全替代现有的工具包。它可以为我们提供丰富的工具、理论、框架、技能和装备，使我们能够应对来自隐私保护的各种挑战。我们只是通过类型化分析来初步定义"混淆"。本书为混淆的理解和使用提供了入门的参考。还有很多未知的细节，需要我们不断探索、实践和学习。

我们描述了混淆与其他隐私保护方法相结合的案例，以及如何将混淆与法律制定、社交媒体、政策酝酿和加密技术相结合，以增强保护的强度和效果。鉴于混淆有各种不同目标，我们能否制定出可量化的实践模型？当然，混淆会受到其与对手的关系的影响，但是在大多数情况下会涉及各种类型和程度的不确定性，比如对数据的处理能力、如何扩展整合数据集，以及日常生活中信息不对称所固有的不确定性。对于明确想要掩饰真实情况，抑或是想长时间地扰乱自己的用户画像的混淆项目，我们能否在不同类型的不确定性下制定最优的混淆方法？我们能否利用先进的神经网络和深度学习，开发出更有效的混淆策略？我们在本书中确定了混淆的目标、功能和关键问题，但是在不同的混淆实践中，是否存在公认的最佳方案？尽管混淆的效用开始显现，但在实现适当的数据实践监管之前，其他问题将会纷至沓来。而这些问题需要经过进一步的研究和应用才能得到更好的答案。

社会发展带来的挑战在不断变化，隐私问题没有简单的解决方案，因为隐私本身就是应对这些挑战的解决方案。有些挑战会自然而然地出现在我们面前，往往也会超出我们的掌控；而本应在我们的控制范围内的技术性挑战，也会受到人情、物质、社会等一系列复杂力量的影响,从而变得不那么可控。隐私并不意味着阻断数据流动;它意味着明智和公正地引导数据流动,并为多元的社会目标、价值观以及作为主体的"人"本身服务,尤其是弱势群体和边缘人群。隐私应该为自由和自主,以及追求人本身的意义保驾护航,推动人与人之间以及与整个集体之间的积极互动。为了实现这种隐私,无数的习俗、概念、工具、法律、机制和协议至今仍在不断发展和演变,我们将混淆添加到这个工具包中的本意就是将保持隐私作为一种对话、斗争和选择的积极方式。

我们通过本书,和各位读者一起从实例分析、原理解释和伦理讨论等方面讨论了混淆,并且辩证地看待其不同用途和实际效果。现在的你可能已经开始重视自己和他人的隐私,兴许已经将本书放在一边,开始思考如何在生活和工作中使用混淆,如何虚构出一群人,把自己好好隐藏起来。

参考书目

1.Bamberger, Kenneth A., and Deirdre K. Mulligan. "Privacy Decisionmaking in Administrative Agencies." University of Chicago Law Review 75, no. 1 (2008): 75–107 (http://ssrn.com/abstract=1104728).

2.Barbaro, Michael, and Tom Zeller Jr. "A Face Is Exposed for AOL Searcher No. 4417749." New York Times, August 9, 2006.

3.Barocas, Solon. "Data Mining and the Discourse on Discrimination." In Proceedings of Data Ethics Workshop at ACM Conference on Knowledge Discovery and Data Mining, New York, 2014.

4.Beck, Ulrich. Risk Society: Towards a New Modernity. London: SAGE, 1999.

5.Berlin, Isaiah. The Crooked Timber of Humanity: Chapters

in the History of Ideas. Princeton University Press, 2013.

6.Birnhack, Michael, and Yofi Tirosh. "Naked in Front of the Machine: Does Airport Scanning Violate Privacy?" Ohio State Law Journal 74, no. 6 (2013): 1263-1306 (http://ssrn.com/abstract=2234476).

7.Bok, Sissela. Lying: Moral Choice in Public and Private Life. New York: Vintage Books, 1999.

8.Boyd, Danah. It's Complicated: The Social Lives of Networked Teens. New Haven: Yale University Press, 2014.

9.Brin, David. The Transparent Society. New York: Perseus Books, 1998.

10.Burkell, Jacquelyn, and Alexandre Fortier. "Privacy Policy Disclosures of Behavioural Tracking on Consumer Health Websites." Proceedings of the American Society for Information Science and Technology 50, no. 1 (2014): 1-9 (doi:10.1002/meet.14505001087).

11.Ceccato, Mariano, Massimiliano Di Penta, Jasvir Nagra, Paolo Falcarin, Filippo Ricca, Marco Torchiano, and Paolo Tonella. "The Effectiveness of Source Code Obfuscation: An Experimental Assessment." In Proceedings of 17th International Conference on Program Comprehension, 2009 (doi: 10.1109/ICPC.2009.5090041).

12. Chesterton, Gilbert Keith. "The Sign of the Broken Sword." In The Innocence of Father Brown. London: Cassell, 1947.

13. Cho, Max. "Unsell Yourself—A Protest Model Against Facebook." Yale Law & Technology blog May 10, 2011 (http://www.yalelawtech.org/control-privacy-technology/unsell-yourself-%E2%80%94-a-protest-model-against-facebook/).

14. Cohen, Fred. "The Use of Deception Techniques: Honeypots and Decoys." In Handbook of Information Security, volume 3, ed. Hossein Bidgoli. Hoboken: Wiley, 2006.

15. Cohen, Julie E. "Examined Lives: Informational Privacy and the Subject as Object."

16. Stanford Law Review 52, May (2000): 1373–1437 (http://scholarship.law.georgetown.edu/cgi/viewcontent.cgi?article=1819&context=facpub).

17. Deseriis, Marco. "Lots of Money Because I Am Many: The Luther Blissett Project and the Multiple-Use Name Strategy." Thamyris/Intersecting 21 (2011): 65–93.

18. Domscheit-Berg, Daniel. Inside WikiLeaks: My Time with Julian Assange at the World's Most Dangerous Website. New York: Crown, 2011.

19. Dourish, Paul, Emily Troshynski, and Charlotte Lee. "Ac-

countabilities of Presence: Reframing Location-Based Systems." In Proceedings of the SIGCHI Conference on Human Factors in Computing Systems, 2008 (doi: 10.1145/1357054.1357133).

20.Dourish, Paul. "Collective Information Practice: Exploring Privacy and Security as Social and Cultural Phenomena." Human-Computer Interaction 21, no. 3 (2006): 319–342 (doi: 10.1207/s15327051hci2103_2).

21. Dwork, Cynthia, and Aaron Roth. "The Algorithmic Foundations of Differential Privacy." Foundations and Trends in Theoretical Computer Science 9, no. 3–4 (2014): 211–407 (doi: 10.1561/0400000042).

22.Dwork, Cynthia, Frank McSherry, Kobbi Nissim, and Adam Smith. "Calibrating Noise to Sensitivity in Private Data Analysis." In Proceedings of the Third Conference on Theory of Cryptography, 2006 (doi: 10.1007/11681878_14).

23.Finkel, Meir. On Flexibility: Recovery from Technological and Doctrinal Surprise on the Battlefield. Stanford University Press, 2011.

24.Finnis, John. "Aquinas' Moral, Political and Legal Philosophy." In The Stanford Encyclopedia of Philosophy, ed. Edward N. Zalta (http://plato.stanford.edu/archives/sum2014/entries/aquinas-moral-political/).

25.Fiore-Silfvast, Brittany and Gina Neff. "Communication, Mediation, and the Expectations of Data: Data Valences across Health and Wellness Communities." Under review at International Journal of Communication.

26.France, Anatole. The Red Lily. San Bernardino: Borgo, 2002.

27.Ganter, Viola, and Michael Strube. "Finding Hedges by Chasing Weasels: Hedge Detection Using Wikipedia Tags and Shallow Linguistic Features." In Proceedings of the ACLIJCNLP Conference Short Papers, 2009 (http://dl.acm.org/citation.cfm? id =1667636).

28.Garg, Sanjam, Craig Gentry, Shai Halevi, Mariana Raykova, Amit Sahai, and Brent Waters. "Candidate Indistinguishability Obfuscation and Functional Encryption for all Circuits." Presented at IEEE 54th Annual Symposium on Foundations of Computer Science, 2013 (doi: 10.1109/FOCS.2013.13).

29.Gavison, Ruth. "Privacy and the Limits of the Law." In Philosophical Dimensions of Privacy: An Anthology, ed. Ferdinand David Schoeman. Cambridge University Press, 1984.

30. Giddens, Anthony. "Risk and Responsibility." Modern Law Review 62, no. 1 (1999): 1–10 (doi:10.1111/1468-2230. 00188).

31. Goldberger, Leo, ed. The Rescue of the Danish Jews: Moral Courage Under Stress. New York University Press, 1987.

32. Goldman, Francisco. The Art of Political Murder: Who Killed the Bishop? New York: Grove, 2007.

33. Green, Gion. "Rating Files, Safes, and Vaults." In Handbook of Loss Prevention and Crime Prevention, ed. Lawrence Fennelly. Oxford: Elsevier, 2012.

34. Greenberg, Andy. This Machine Kills Secrets: How WikiLeakers, Cypherpunks, and Hacktivists Aim to Free the World's Information. New York: Dutton, 2012.

35. Greenwald, Glenn. No Place to Hide: Edward Snowden, the NSA and the U.S. Surveillance State. New York: Metropolitan Books, 2014.

36. Habinek, Thomas. The World of Roman Song: From Ritualized Speech to Social Order. Baltimore: Johns Hopkins University Press, 2005.

37. Heidegger, Martin. The Question Concerning Technology and Other Essays. New York: Garland, 1977.

38. Hellmuth, Phil Marvin Karlins, and Joe Navarro. Phil Hellmuth Presents Read 'Em and Reap. New York: HarperCollins, 2006.

39. Holmes, David I., and Richard S. Forsyth. "The Federalist

Revisited: New Directions in Authorship Attribution." Literary and Linguistic Computing 10, no. 2 (1995): 111–127 (doi: 10.1093/llc/10.2.111).

40. Hoofnagle, Chris Jay, and Jan Whittington. "Free: Accounting for the Costs of the Internet's Most Popular Price." UCLA Law Review. University of California, Los Angeles. School of Law 61 (2014): 606–670 (http://ssrn.com/abstract=2235962).

41. Hoofnagle, Chris Jay, Ashkan Soltani, Nathaniel Good, and Dietrich J. Wambach. "Behavioral Advertising: The Offer You Can't Refuse." Harvard Law & Policy Review 6, August (2012): 273–296 (http://ssrn.com/abstract=2137601).

42. Howe, Daniel, and Helen Nissenbaum. "TrackMeNot: Resisting Surveillance in Web Search." In Lessons From the Identity Trail: Anonymity, Privacy and Identity in a Networked Society, ed. Ian Kerr, Carole Luckock, and Valerie Steeves. Oxford University Press, 2009.

43. Izal, Mikel, Guillaume Urvoy-Keller, Ernst W. Biersack, Pascal Felber, Anwar Al Hamra, and Luis Garcés-Erice. "Dissecting BitTorrent: Five Months in a Torrent's Lifetime." In Passive and Active Network Measurement, ed. Chadi Barakat and Ian Pratt. Berlin: Springer, 2004.

44. Jenkin, Tim. "Talking to Vula." Mayibuye, May–October

1995 (www.anc.org.za/show.php? id=4693).

45. Kafka, Ben. The Demon of Writing. Cambridge: MIT Press, 2012.

46. Kelly, Kevin. Out of Control: The New Biology of Machines, Social Systems and the Economic World. Indianapolis: Addison-Wesley, 1994.

47. Koopman, Colin. "Internetworked Publics: The Emerging Political Conditions of the Internet." Paper presented at Ars Synthetica: The Anthropology of the Contemporary, Santa Cruz, 2009.

48. Koppel, Moshe, and Jonathan Schler. "Authorship Verification as a One-Class Classification Problem." In Proceedings of the 21st International Conference on Machine Learning, 2004 (doi: 10.1145/1015330.1015448).

49. Lane, Julia, Victoria Stodden, Stefan Bender, and Helen Nissenbaum, eds. Privacy, Big Data, and the Public Good: Frameworks for Engagement. Cambridge University Press, 2014.

50. Lauer, Josh. "The Good Consumer: Credit Reporting and the Invention of Financial Identity in the United States, 1840–1940." Enterprise and Society 11, no. 4 (2010): 686–694 (doi:10.1093/es/khq091).

51. Lauer, Josh. The Good Consumer: A History of Credit Surveillance and Financial Identity in America. New York: Co-

lumbia University Press, forthcoming.

52.Lund, Jens, with reply by István Deák. "The Legend of King Christian: An Exchange." New York Review of Books 30, no. 5 (1990) (http://www.nybooks.com/articles/archives/1990/mar/29/the-legend-of-king-christian-an-exchange/).

53.Luo, Wanying, Qi Xie, and Urs Hengartner. "FaceCloak: An Architecture for User Privacy on Social Networking Sites." In Proceedings of the 2009 IEEE International Conference on Privacy, Security, Risk and Trust (https://cs.uwaterloo.ca/~uhengart/publications/passat09.pdf).

54.Mahon, James Edwin. "The Definition of Lying and Deception." In The Stanford Encyclopedia of Philosophy, ed. Edward N. Zalta (http://plato.stanford.edu/archives/fall2008/entries/lying-definition/).

55.Marx, Gary T. "A Tack in the Shoe: Neutralizing and Resisting New Surveillance." Journal of Social Issues 59, no. 2 (2003): 369–390 (doi:10.1111/1540-4560.00069).

56.Marx, Gary T. "Technology and Social Control: The Search for the Illusive Silver Bullet Continues." In International Encyclopedia of the Social and Behavioral Sciences, second edition. Oxford: Elsevier, forthcoming.

57.Marx, Gary T. "The Public as Partner? Technology Can

Make Us Auxiliaries as Well as Vigilantes." IEEE Security and Privacy 11, no. 5 (2013): 56-61 (doi: http:// DOI.ieeecomputersociety.org/10.1109/MSP.2013.126).

58.Marx, Gary T. Undercover: Police Surveillance in America. Oakland: University of California Press, 1989.

59.Maslinsky, Kirill, Sergey Koltcov, and Olessia Koltslova. "Changes in the Topical Structure of Russian-Language LiveJournal: The Impact of Elections 2011." Research Paper WP BPR 14/SOC/2013, National Research University, Moscow, 2013.

60.Mateas, Michael, and Nick Monfort. "A Box, Darkly: Obfuscation, Weird Languages, and Code Aesthetics." In Proceedings of the 6th Annual Digital Arts and Culture Conference, 2005 (http://elmcip.net/node/3634).

61.Mayer-Schönberger, Viktor, and Kennth Cukier. Big Data: A Revolution That Will Transform How We Live, Work and Think. New York: Houghton Miflin Harcourt, 2013.

62.McDonald, Aleecia M., and Lorrie F. Cranor. "The Cost of Reading Privacy Policies." I/S 4, no.3 (2008): 540-565 (http:// lorrie.cranor.org/pubs/readingPolicyCost-authorDraft.pdf).

63.Meyerowitz, Joseph, and Romit R. Choudhury. "Hiding Stars with Fireworks: Location Privacy through Camouflage." In Proceedings of the 15th Annual International Conference on Mobile Computing and Networking. 2009.

64. Moore, Alan, and David Lloyd. V for Vendetta. New York: Vertigo/DC Comics, 1982.

65. Narayanan, Arvid. "What Happened to the Crypto Dream? Part 2." IEEE Security and Privacy 11, no. 3 (2013): 68–71 (doi: http://DOI. ieeecomputersociety. org/10. 1109/MSP. 2013. 75).

66. Neff, Gina. "Why Big Data Won't Cure Us." Big Data 1, no. 3 (2013): 117–123 (doi:10.1089/big.2013.0029).

67. Nippert-Eng, Christena E. Islands of Privacy. University of Chicago Press, 2010.

68. Nissenbaum, Helen. Privacy in Context: Technology, Policy and the Integrity of Social Life. Stanford University Press, 2009.

69. Orcutt, Mike. "Twitter Mischief Plagues Mexico's Election." MIT Technology Review, June 21, 2014 (http://www.technologyreview. com/news/428286/twitter-mischief-plagues-mexicos-election/).

70. Parkhomenko, Ekaterina, and Arch Tait. "Blog Talk." Index on Censorship 37, February (2008): 174–178 (doi: 10.1080/03064220701882822).

71. Pettit, Philip. Republicanism: A Theory of Freedom and

Government. Oxford University Press, 1997.

72. Rajendran, Jeyavijayan, Ozgur Sinanoglu, Michael Sam, and Ramesh Karri. "Security Analysis of Integrated Circuit Camouflaging." Presented at ACM Conference on Computer and Communications Security, 2013 (doi: 10.1145/2508859.2516656).

73. Rao, Josyula R., and Pankaj Rohatgi. "Can Pseudonymity Really Guarantee Privacy?" In Proceedings of the 9th USENIX Security Symposium, 2000 (https://www.usenix.org/legacy/events/sec2000/full_papers/rao/rao_html/index.html).

74. Rawls, John. A Theory of Justice. Cambridge: Harvard University Press, 1971.

75. Regan, Priscilla M. Legislating Privacy: Technology, Social Values and Public Policy. Chapel Hill: University of North Carolina Press, 1995.

76. Reiman, Jeffrey H. "Driving to the Panopticon: A Philosophical Exploration of the Risks to Privacy Posed by the Highway Technology of the Future." Santa Clara High Technology Journal 11, no. 1 (1995): 27–44 (http://digitalcommons.law.scu.edu/chtlj/vol11/iss1/5).

77. Ripstein. Arthur. Equality, Responsibility and the Law. Cambridge University Press, 1999.

78. Scott, James C. Domination and the Arts of Resistance:

Hidden Transcripts. New Haven: Yale University Press, 1992.

79.Shell, Hanna Rose. Hide and Seek: Camouflage, Photography, and the Media of Reconnaissance. Cambridge: Zone Books, 2012.

80.Shostack, Adam. Threat Modeling: Designing for Security. Indianapolis: Wiley, 2014.

81.Solove, Daniel J. "A Taxonomy of Privacy." University of Pennsylvania Law Review 154, no. 3 (2006): 477-560 (doi: 10.2307/40041279).

82. Solove, Daniel J. "Privacy Self-Management and the Consent Dilemma." Harvard Law Review 126 (2013): 1880-1903. http://ssrn.com/abstract=2171018.

83.Solove, Daniel J. Understanding Privacy. Cambridge: Harvard University Press, 2010.

84. Solove, Daniel J., and Paul M. Schwartz. Privacy Law Fundamentals, second edition. Portsmouth: International Association of Privacy Professionals, 2013.

85.Strandburg, Katherine J. "Free Fall: The Online Market's Consumer Preference Disconnect." University of Chicago Legal Forum 95 (2013): 95-172. http://ssrn.com/abstract=2323961.

86.Strandburg, Katherine J. "Home, Home on the Web and Other Fourth Amendment Implications of Technosocial Change."

University of Maryland Law Review 70, April (2011): 614–680 (http://ssrn.com/abstract=1808071)

87.Strandburg, Katherine J., and Daniela Stan Raicu. Privacy and Technologies of Identity: A Cross-Disciplinary Conversation. New York: Springer, 2006.

88.Templeton, Brad. "The Evils of Cloud Computing: Data Portability and Single Sign On." Presented at BIL Conference, 2009 (http://www.vimeo.com/3946928).

89.Toubiana, Vincent, and Helen Nissenbaum. "An Analysis of Google Logs Retention Policies." Journal of Privacy and Confidentiality 3, no. 1 (2011): 3–26. http://repository.cmu.edu/jpc/vol3/iss1/2/.

90.Tseng, Ling, and I.-Min Tso. "A Risky Defense by a Spider Using Conspicuous Decoys Resembling Itself in Appearance." Animal Behaviour 78, no. 2 (2009): 425–431 (doi: 10.1016/j.anbehav.2009.05.017).

91.Turow, Joseph. The Daily You: How the New Advertising Industry is Defining Your Identity and Your Worth. New Haven: Yale University Press, 2013.

92.Turow, Joseph, Chris Jay Hoofnagle, Dierdre K. Mulligan, Nathaniel Good, and Jens Grossklags. "The Federal Trade Commission and Consumer Privacy in the Coming Decade." I/S 3, no.

3 (2007): 723-749 (http://ssrn.com/abstract=2365578).

93.Van den Hoven, Jeroen, and Emma Rooksby. "Distributive Justice and the Value of Information: A (Broadly) Rawlsian Approach." In Information Technology and Moral Philosophy, ed. John Wecker. Cambridge University Press, 2008.

94.Waldron, Jeremy. Torture, Terror and Trade-Offs: Philosophy for the White House. Oxford University Press, 2012.

95.Westin, Alan F. "Science, Privacy and Freedom: Issues and Proposals for the 1970's. Part I—the Current Impact of Surveillance on Privacy." Columbia Law Review 66, no. 6 (1966): 1003-1050 (http://www.jstor.org/stable/1120997).

96.Willis, Lauren E. "Why Not Privacy by Default?" Berkeley Technology Law Journal 29 (2014): 61-134 (http://ssrn.com/abstract=2349766).

97. Young, Adam, and Moti Yung. "Kleptography: Using Cryptography Against Cryptography." In Advances in Cryptology—Eurocrypt '97, ed. Walter Fumy, 62-74. Berlin: Springer, 1997.

98.Zarsky, Tal. "Transparent Predictions." University of Illinois Law Review 2013, no. 4: 1519-1520.

索 引

首序	英文关键词	中文关键词	译著页码
A	Ad Block Plus	广告拦截者·增强版	48
	Address collection	地址收集	52、53
	AdNauseam	喋喋广告插件	47、48
	Ahearn, Frank	弗兰克·埃亨	62
	Anonymous text	杂乱无章的文风	55—59
	Anonymouth	匿名之口插件	58
	Apple	苹果公司	63
	Asymmetry	（信息）不对称	84
	Audio surveillance	监听	37
B	Babble tapes	杂音卡带	37
	Bayesian flooding	贝叶斯泛滥	68、69
	Behavioral advertising	行为广告	48、141
	Best practices	最佳实践	102、103、108、126
	Big data	大数据	137—138、141

(续表)

首序	英文关键词	中文关键词	译著页码
B	BitTorrent Hydra	比特洪流	52
	Barocas, Solon	索伦·巴罗克斯	89
	Bogus individuals	虚假的个人	63
	boyd, danah	达娜·博伊德	148
	Business competitors	商业竞争对手	44、45、46
C	CacheCloak	隐身斗篷	20、21、113、114、154
	Camouflage	伪装	83、84
	Cardexchange.org	卡片交换联盟	51
	CCTV recording	闭路电视录像	85
	Chaff	箔条	11—13、151、157
	Cloning service	克隆服务	64、65
	Code obfuscation	代码混淆	59—62
	Collective identities	多人共用马甲	28
	Concealment	隐藏	152、153
	Conflicting evidence	相互矛盾的证据	73、74
	Context of use	使用场景	162
	Cookie manipulation	Cookie 操纵	66、67、154
	Craigslist	克雷格列表网站	30、31
	Credit management	信用管理	90
D	Data collection sales	数据收集出售	105、106
	Decoy strategy	诱饵策略	12、83
	Deniability	否认	153
	Disappearance	失踪	62

（续表）

首序	英文关键词	中文关键词	译著页码
D	Dishonesty	不诚实	111、112
	Distributed denial of service (DDoS)	分布式拒绝服务	15、115
E	Eavesdropping interference	窃听干扰	37
	Echoes	虚假回声	11、20
	Electronic profiling pollution	污染用户画像	63
	Encryption	加密	38—43、107—108
	Ends v. means	目标与手段	122—12
	Ethics	伦理	54、103、105、109—122、142—143
	Excessive documentation	案牍劳形	32
	Exclusivity	无关性	157
	Exposure prevention	防止暴露	153
F	Facebook	脸书（现更名为meta）	68、69
	FaceCloak	隐身面罩	70
	Facial-recognition software	面部识别软件	72
	Fairness	公平	128—134
	Fake requests	虚假请求	46
	False leads	虚假线索	63
	False orders	虚假订单	45
	False tells	虚假暗示	25
	False trades	错误交易	49、50

（续表）

首序	英文关键词	中文关键词	译著页码
F	File-burying	文件超量	24
	Freedom	自由	136、137
	Free riding	搭便车	116—119、128、132
G	General obfuscation	普遍性的混淆	158—160
	Genuine signals	真实信号	13
	Goldman, Francisco	弗朗西斯科·戈德曼	73
	Government regulation	政府规制	105、108
	Grocery shopping	采购百货商品	50
	Group identity	共用身份	26、27
	Guatemalan political struggle	危地马拉内战	73
H	Hidden transcript	隐藏的记录	98
	High-frequency trading (HFT)	高频交易	49
	Human analysis limitation	人工分析局限	59—62
I	Identical confederates and objects	会分身的小伙伴	28
	Identity prosthetics	小号	72
	Imitation attacks	模仿攻击	57
	Imitations	模仿	13—19
	Implementation questions	实施问题	144—155
	Information asymmetry	信息不对称	84—92
J	Jenkin, Tim	蒂姆·詹金	39
	Justice	公正	128—138、142—143
	Justification	辩护	112

(续表)

首序	英文关键词	中文关键词	译著页码
L	Likefarming	点赞农场	71
	Linguistic constructions	语言结构	54
	LiveJournal	生活日志	14—15
	Location-based services (LBSs)	基于位置服务	20
	Loyalty card swapping	交换会员卡	50、51
	Ludlow, Kevin	凯文·勒德洛	68
	Lying	撒谎	111
M	Marx, Gary	加里·马克斯	96、110
	Masks	面具	72
	Means v. ends	目标与手段	122—143
	Medical information	医疗信息	142
	Mexican political struggle	墨西哥大选	18、19
	Misleading signals	误导信号	13
	Morality	道德	122—143
	Moral responsibility	道德责任	117
N	National Security Agency (NSA)	美国国家安全局	33、34
	Necessary visibility	必要的可能性	148
	Network effect	网络效应	156
O	Obfuscation attacks	混淆攻击	58
	OpenLeaks	开放解密	24、25
	Operation Vula	乌拉行动	38—43、132、152
	Opting out	选择退出	92—96

（续表）

首序	英文关键词	中文关键词	译著页码
O	Overproduction of documents	制作大量冗余的文件	32
	Oversupply	各种各样琐碎的报告	32
P	Patterns	派、	9、25
	Personal disinformation	虚假的个人数据	62
	Plausible deniability	合理摆脱	23
	Political questions	政治问题	130—134
	Political uses	政治用途	13—19、154—155
	Pollution	污染	119、120、132
	Power	权力	14—19、84—92、97—101、134—138
	Predictive software	预测软件	88
	Press, Ronnie	伦尼·普雷斯	42
	Privacy	隐私	77—84、86、100、105、107、123—130、150—154
	Privacy systems	隐私系统	101—108
	Profiling interference	干扰个人画像	154
	Protest expression	表达抗议	155
Q	Quote stuffing	报价堆积	49、50
R	Radar	雷达	12、46、152
	Rawls, John	约翰·罗尔斯	130—138
	Resource limitations	资源限制	113—116
	Robots	机器人	86、87
	Rob's Giant Bonus Card Swap Meet	巨人积分卡碰头会	51

(续表)

首序	英文关键词	中文关键词	译著页码
R	Russian political struggle	俄罗斯政治斗争	96—101
S	Scott, James C.	詹姆斯·C. 斯科特	62—64
	Selective obfuscation	选择性混淆	158—160
	Selvaggio, Leo	利奥·塞尔瓦乔	72
	Service denial	拒绝服务	15、16
	Shopping pattern tracking	购物模式追踪	50、51
	Shuffling SIM cards	互换SIM卡	33、34
	Social benefits	社会利益	138—140
	Social media	社交媒体	148
	Social stenography	社交速记	148
	South African political struggle	南非政治斗争	38—43
	Stand-ins	替身	45
	Stock exchanges	股票交易	49、50
	Stylometric analysis attacks	语言风格分析攻击	55—59
	Subversion	颠覆	119、121
	System damage	系统损害	123
T	Taxi-replacement companies	出租车替代公司	45
	Threat models	威胁模型	146—150
	Time-buying	赢得时间	19、151
	Tor relays	洋葱路由	35、36
	Total surveillance	全面的监视	93、95

(续表)

首序	英文关键词	中文关键词	译著页码
T	TrackMeNot	混淆搜索插件	21、23、65、109、110、113—116、123、125、132、153、155、159
	Translation attacks	翻译攻击	57
	Troublemaking	制造困扰	108
	Twitter bots	推特机器人	13—19
U	Ultimate Shopper project	"终极购物者"项目	51
	Uploads to leak sites	通通上传	24
	URME surveillance	URME监控	72
V	Vortex	《漩涡》	66、67
W	Wastefulness	浪费	113—116
	WikiLeaks	维基解密	24、25
Z	Zarsky, Tal	塔尔·扎尔斯基	88

著作权合同登记号　图字：01-2024-0521

图书在版编目（CIP）数据

混淆：个人隐私自我保护手册 /（美）芬恩·布伦顿，（美）海伦·尼森鲍姆著；赵精武，林北征译. -- 北京：北京大学出版社，2024. 8. -- ISBN 978-7-301-35243-4

Ⅰ. D912.704-62

中国国家版本馆 CIP 数据核字第 2024G7V602 号

Obfuscation: A User's Guide for Privacy and Protest
By Finn Brunton and Helen Nissenbaum
Copyright © 2015 Finn Brunton and Helen Nissenbaum
Original English language edition published by The MIT Press / 9780262029835
Simplified Chinese translation copyright © Peking University Press. 2024
All Rights Reserved

书　　　名	混淆：个人隐私自我保护手册 HUNXIAO：GEREN YINSI ZIWO BAOHU SHOUCE
著作责任者	〔美〕芬恩·布伦顿（Finn Brunton）、〔美〕海伦·尼森鲍姆（Helen Nissenbaum）　著　赵精武　林北征　译
责 任 编 辑	闫　淯　方尔埼
标 准 书 号	ISBN 978-7-301-35243-4
出 版 发 行	北京大学出版社
地　　　址	北京市海淀区成府路 205 号　100871
网　　　址	http://www.pup.cn　http://www.yandayuanzhao.com
电 子 邮 箱	编辑部 yandayuanzhao@pup.cn　总编室 zpup@pup.cn
新 浪 微 博	@北京大学出版社　@北大出版社燕大元照法律图书
电　　　话	邮购部 010-62752015　发行部 010-62750672 编辑部 010-62117788
印　刷　者	涿州市星河印刷有限公司
经　销　者	新华书店
	880 毫米×1230 毫米　A5　7.125 印张　147 千字 2024 年 8 月第 1 版　2024 年 8 月第 1 次印刷
定　　　价	58.00 元

未经许可，不得以任何方式复制或抄袭本书之部分或全部内容。
版权所有，侵权必究
举报电话：010-62752024　电子邮箱：fd@pup.cn
图书如有印装质量问题，请与出版部联系，电话：010-62756370